高等职业教育"双高"建设成果教材
高职院校公共基础课能工巧匠系列教材·劳动教育类
高等职业教育新形态一体化教材

劳动精神培育

主编　赵坤灿　曹勇　罗婕

副主编　窦金焕　黄薇锦　欧阳志平

中国教育出版传媒集团
高等教育出版社·北京

内容简介

本书是高等职业教育"双高"建设成果教材,高等职业教育新形态一体化教材。

本书贯彻落实党的二十大关于发展素质教育的相关要求,紧扣中共中央、国务院发布的《关于全面加强新时代大中小学劳动教育的意见》和教育部印发的《大中小学劳动教育指导纲要(试行)》精神编写而成。本书主要围绕劳动精神、工匠精神、劳模精神展开,重在引领职业价值取向,帮助高职院校学生成长为高素质技术技能人才,做合格的社会主义建设者和接班人,做新时代有理想、有本领、有担当的劳动者。本书采用项目—任务式的体例结构,设置了"知识导航""劳动箴言""案例导入""课后思考"等模块,以二维码的形式辅以知识点的总结与拓展,图文并茂,便于教师课堂教学和学生课后自学。

本书配套开发了教学课件、电子教案、视频等数字教学资源并在"智慧职教"平台上线,方便学习者使用。

本书既可作为高职院校开展劳动教育必修课的教学用书,也可作为相关企业员工培训的学习资料。

图书在版编目(CIP)数据

劳动精神培育 / 赵坤灿,曹勇,罗婕主编. -- 北京:高等教育出版社,2023.6(2024.7重印)

ISBN 978-7-04-059187-3

Ⅰ.①劳… Ⅱ.①赵… ②曹… ③罗… Ⅲ.①劳动教育-高等职业教育-教材 Ⅳ.①G40-015

中国版本图书馆 CIP 数据核字(2022)第 157248 号

劳动精神培育

LAODONG JINGSHEN PEIYU

| 策划编辑 | 李聪聪 田伊琳 | 责任编辑 | 田伊琳 陈 磊 | 封面设计 | 李树龙 | 版式设计 | 徐艳妮 |
| 责任绘图 | 杨伟露 | 责任校对 | 刁丽丽 | 责任印制 | 高 峰 | | |

出版发行	高等教育出版社	网 址	http://www.hep.edu.cn
社 址	北京市西城区德外大街 4 号		http://www.hep.com.cn
邮政编码	100120	网上订购	http://www.hepmall.com.cn
印 刷	天津市银博印刷集团有限公司		http://www.hepmall.com
开 本	787mm×1092mm 1/16		http://www.hepmall.cn
印 张	6.25		
字 数	78 千字	版 次	2023 年 6 月第 1 版
购书热线	010-58581118	印 次	2024 年 7 月第 3 次印刷
咨询电话	400-810-0598	定 价	20.80 元

本书如有缺页、倒页、脱页等质量问题,请到所购图书销售部门联系调换
版权所有 侵权必究
物 料 号 59187-00

前言

马克思主义哲学认为,劳动推动社会历史进步,是人作为人最本质最显著的特征。习近平总书记也在全国教育大会上指出,培养什么人是教育的首要问题,要培养德智体美劳全面发展的社会主义建设者和接班人,培养一代又一代拥护中国共产党领导和我国社会主义制度、立志为中国特色社会主义奋斗终身的有用人才。"有用人才"的一个重要特征,就是具备良好的劳动素质,能够践行劳动精神,崇尚劳动,懂得劳动最光荣、劳动最崇高、劳动最伟大、劳动最美丽的道理,能够辛勤劳动、诚实劳动、创造性劳动。

"在全社会弘扬劳动精神、奋斗精神、奉献精神、创造精神、勤俭节约精神,培育时代新风新貌。"党的二十大为我们扎实开展新时代劳动教育指明了方向。本书从发扬劳动精神、培养工匠精神、弘扬劳模精神的角度,着重阐述了崇尚劳动、热爱劳动、辛勤劳动、诚实劳动的劳动精神,执着专注、精益求精、一丝不苟、追求卓越的工匠精神,爱岗敬业、争创一流、艰苦奋斗、勇于创新、淡泊名利、甘于奉献的劳模精神,引导大学生成为新时代有理想、有本领、有担当的劳动者。

本书书名中所指"劳动精神"是广义的,包括"工匠精神"和"劳模精神";模块二中的"劳动精神"则是狭义的,特指与"工匠精神""劳模精神"并列的三种精神之一。本书采用模块化教学、任务驱动模式,模块间相互联系,一脉相承。模块一聚焦劳模精神,让时代榜样深植人心,激励职业院校争做劳模先锋;模块二由点入面,全面阐述劳动精神的内涵及特征,引导职业院校学生成长为时代新人;模块三从推动产业、行业高质量发展的需求入手，培育工匠精神；鼓舞职业院校学生成为"大国工匠"，在增品种、提品质、创品牌等方面勇攀高峰；模块四辨析了劳模精神、劳动精神、工匠精神的内涵，引导职业院校学生做新时代有理想、有本领、有担当的劳动者。编写体例上，各项目通过知识导航描绘知识图谱，选取与劳动相关的名言传递社会主义核心价值观，选取能工巧匠、学生劳模等案例引出知识点。项目最后，设置了"课后思考"和"拓展阅读"，引导学生深入思考、拓展眼界。

本书由昆明冶金高等专科学校与云南水利水电职业学院联合编写，赵坤灿、曹勇、罗婕任主编，窦金焕、黄薇锦、欧阳志平任副主编，具体分工如下：模块一由昆明冶金高等专科学校罗婕、涂伟、蒋宛融负责；模块二由昆明冶金高等专科学校窦金焕、黄浩宇、谢丽娟负责；模块三由昆明冶金高等专科学校欧阳志平、云南水利水电职业学院游艳红负责；模块四由昆明冶金高等专科学校黄薇锦、云南水利水电职业学院李爱冰负责；昆明冶金高等专科学校赵坤灿、曹勇负责全书的大纲设计和统稿工作；云南水利水电职业学院吴欧侯负责本书的图片收集工作。

本书在编写过程中得到了高等教育出版社相关编辑的大力支持与精心指导。书中借鉴了不少能工巧匠的典型案例及相关资料，在此对各位能工巧匠、劳模本人及所属工作单位一并表示感谢。受编者能力所限，本书难免存在疏漏，诚挚地期待各位读者和广大师生给予批评和指正。

编　者

2023 年 4 月

目录

模块一

弘扬劳模精神 争做劳模先锋

知识导航

弘扬劳模精神 争做劳模先锋
- 认知劳模精神
  - 劳模精神的特征
  - 劳模精神的科学内涵
  - 新时代的劳模精神
- 争做劳模先锋
  - 劳动群众铸就中国梦
  - 劳动模范的重要意义
  - 努力建设高素质劳动大军
- 践行劳模精神
  - 辛勤劳动 做爱岗敬业者
  - 争创一流 做精益求精者
  - 勇于创新 做时代创造者

任务一 　　认知劳模精神

劳动箴言

全社会都应该尊敬劳动模范、弘扬劳模精神，让诚实劳动、勤勉工作蔚然成风。

——习近平

耿家盛：练就磨刀绝技　演绎云岭传奇

　　耿家盛，云南冶金昆明重工有限公司车工高级技师。除此之外，耿家盛还有多重身份——党的十九大代表、云南省委委员、云南省总工会兼职副主席……在这些身份中，耿家盛最知名的身份，就是一名技术过硬的工人。正是这个身份，让耿家盛成了"全国技术能手""全国劳动模范""全国重型机械行业高技能优秀工人""第一届昆明市名匠""云岭楷模"等。

　　1980年，17岁的耿家盛考入技校读书。毕业后，耿家盛到昆明铣床厂当了一名油漆工。两年后，他调入昆明重机厂（现昆明重工），改行当了车工，从此便与磨刀结下了不解之缘。改行之初，耿家盛颇不适应。俗话说，三分车工，七分刀工。"每天都是磨刀，有时候甚至要磨五六个小时以上"，但耿家盛都坚持了下来。2003年6月，耿家盛通过选拔，代表昆明市参加了云南省职工技术技能大赛，并斩获车工工种第二名。同年10月，耿家盛又代表云南省参加了全国职工技术技能大赛，获得第14名，是当时云南省车工工种在这一比赛中取得的最好成绩。

　　耿家盛家里有5人是技术工人——父亲是车工，母亲是钳工，哥哥是车工，弟弟是钳工。"闲暇之余，我们兄弟几个就比拼技术，父亲做裁判，指出我们的优缺点，学习气氛非常浓厚。"耿家盛回忆道。父亲的严格给耿家盛树立了典范，指引他永不满足，不断地琢磨技术、精益求精。

　　车、镗、铣、刨、磨，耿家盛样样精通，是名副其实的全能机床工。"他最牛的时候，利用切削工件的时间差，一个人可以同时开3台车床，加工不同的零件。这样，他的工作效率就比普通车工至少高出3~4倍。"同事评价道。

　　多年来，耿家盛磨过数以千计的车刀，每把车刀都靠手工在砂轮机上打磨，他的双手磨起血泡，结成厚茧。他还练就一手磨刀绝技，能针对加工工件的材质和形状，磨出自己所需的专用车刀，使用寿命更长，车削出来的工件精度更高。他设计的高硬度合金堆焊机加工刀片，把拉丝机上的核心部件——薄壁卷筒的跳动误差从0.10 mm缩小到0.05 mm以内，小于技术设计要求，解决了行业中拉丝机卷筒跳动误差大引起的拉丝产品粗细不均的技术难题，使拉丝机成为企业的拳头产品，行销海内外。

2012年，耿家盛工作室被人社部授予"国家级技能大师工作室"荣誉称号，依托技能大师工作室等平台，耿家盛传技带徒，将绝技传承的大师精神发挥到极致。他带领工作室成员先后完成产品工艺编制和图纸改进500余项，改进零件生产工艺400余项。他创新人才培养模式，工作室成员每月开展一次"传绝技"交流活动，将一身的绝活毫无保留地传授给青工500余人次，使最顶尖的技术得以传承。他言传身教，亲手带徒，所带的徒弟荣获首届云岭技能大师、首届云岭工匠等称号。

"老老实实学技术，踏踏实实往前走，做人就要做师傅那样的人。"徒弟马自辉这样说。30多年来，耿家盛以他"干一行、爱一行、精一行"的执着与坚守，诠释着劳模精神，演绎出云岭"一把刀"的传奇。

（来源：中华人民共和国人力资源和社会保障部官网，有删改）

 如何理解从耿家盛身上体现出来的"干一行、爱一行、精一行"的劳模精神？这样的劳模精神是如何传承下来的？

一、劳模精神的特征

劳模，即劳动模范，顾名思义，是劳动者中的模范和榜样。从广义上来讲，一切用辛勤劳动推动人类社会发展的劳动者都具备享有劳动模范这一美誉的资格。而我们常说的劳模更多的是指狭义上的、具有特定含义的，即党和政府授予在我国政治、经济、文化、社会、生态文明等领域和党的建设等方面做出突出贡献、取得显著成绩的劳动者的一种崇高的荣誉称号。他们是工人阶级的优秀代表，是民族的精英、国家的栋梁、社会的中坚、人民的楷模，是时代的领跑者。

劳模精神贯穿于中国特色社会主义建设伟大实践的各个环节，汲取了中华民族优秀文化的精髓，丰富和发展了中华民族的民族精神和时代精神,激励着广大劳动群众争做新时代的奋斗者。劳模精神具有以下突出特征。

1. 很强的政治性

劳模是党和国家授予的在中国特色社会主义建设中做出杰出贡献的工人阶级和劳动人民的荣誉称号,他们所展现出来的劳模精神是立足于坚定中国特色社会主义道路自信、理论自信、制度自信、文化自信的政治觉悟之上的。劳模精神和社会主义核心价值观相统一,党和国家通过对劳模精神的宣传引导劳动行为、引领社会风貌、凝聚人民共识,因此,劳模精神具有很强的政治属性。

2. 广泛的群众性

劳模精神的群众性是"一切为了群众,一切依靠群众,从群众中来,到群众中去"的党的群众路线所决定的。党和国家始终高度重视工人阶级和广大劳动群众在党和国家事业发展中的重要地位,授予的劳模必定是从群众中走出来的,是广大人民群众中的优秀分子和杰出代表。

3. 鲜明的时代性

劳模精神是时代的产物,是中国共产党在探索民族独立和人民解放的时代背景下,寻求经济独立的过程中产生和发展形成的。它作为一种文化精神,是在时代的洪流中不断发展和演变的,它反映的是时代的要求,体现的是时代的价值。

4. 强烈的民族性

劳模精神与中华优秀传统文化密不可分。广大劳模所呈现出来的爱岗敬业、艰苦奋斗、淡泊名利、甘于奉献等伟大品质,与我国传统文化当中崇尚劳动、热爱劳动、重义轻利、公而忘私的思想一脉相承。劳模精神的产生和发展不是游离于民族精神之外的,而是与整个中华民族精神相融合的,是我们宝贵的精神财富。

二、劳模精神的科学内涵

微课：劳模精神的科学内涵

劳模精神是党团结带领人民进行革命、建设和改革的历程中，劳模这个群体在工作生活实践中所展现出来的优秀品格、行为规范、精神风貌、价值观念和高尚情操。2013 年 4 月，习近平在同全国劳动模范代表座谈时的讲话中精辟地概括了劳模精神的科学内涵："长期以来，广大劳模以平凡的劳动创造了不平凡的业绩，铸就了'爱岗敬业、争创一流、艰苦奋斗、勇于创新、淡泊名利、甘于奉献'的劳模精神。"其中，爱岗敬业是本分，争创一流是追求，艰苦奋斗是作风，勇于创新是使命，淡泊名利是境界，甘于奉献是修为。

1. 爱岗敬业

爱岗敬业是当代中国劳模精神的基础，它反映的是劳动者对待自己的职业的基本态度，是劳动者在职业生活中应当遵循的道德要求和行为准则，体现在劳动者热爱自己的工作岗位（图 1-1）、尊重自己所从事的职业、勤恳努力、恪尽职守的职业操守，是当代劳模精神的本源。

图 1-1
热爱自己的工作岗位

爱岗敬业是中华民族的传统美德，其蕴含深刻的文化内涵，中华民族自古就有忠于职守的古训。《礼记·中庸》中有"君子素其位而行,不愿乎其外"的警句,告诫人们要忠于职守,不生非分之想。对自己的工作岗位保持热爱和敬重,既是社会的需要,也是劳动者职业道德的需要。职业不仅仅是谋生的手段,更是劳动者自我完善、自我提升、自我实现的社会化平台。同时,敬业也是社会主义核心价值观的重要内容之一。党的十八大以来,习近平多次强调要爱岗敬业,他指出:"希望我国广大劳动群众以劳动模范为榜样,爱岗敬业、勤奋工作、锐意进取、勇于创造,不断谱写新时代的劳动者之歌。"

2. 争创一流

争创一流是社会主义市场经济环境下劳模精神的重要内涵,反映的是劳动者追求卓越的一种主观意识,是劳动者以高标准、高目标要求自我的高尚情操,是当代劳模精神竞争力、战斗力和爆发力的源泉。

人类的劳动具有社会性,而竞争是现代社会的突出特征,竞争机制是市场经济最基本的运行机制,推动着社会经济的进步。社会发展如逆水行舟,不进则退,故步自封、小进则止就要被时代淘汰。劳动者应在工作中不断强化自身的竞争意识,敢比敢拼,善于和自己比、和同事比、和同行比,在比拼中提高自我,在竞争中创造价值,在进取中推动经济社会发展。在工作领域中争创一流,体现着事业心、责任感,体现着对待工作的态度和追求,是时代赋予我们的责任。

3. 艰苦奋斗

艰苦奋斗指的是用主观行动战胜客观环境和条件,从而改造物质世界,它蕴含着劳动者的价值取向和对目标的执着追求。它是劳模精神的本色,在工作中表现为不畏艰难、锐意进取、忘我奉献的精神品质。

对物质世界的改造从来都不是一件轻而易举的事。中华民族自古就有"天将降大任于是人也,必先苦其心志,劳其筋骨,饿其体肤"

的深刻认识，一贯秉承"忧劳可以兴国，逸豫可以亡身"的觉悟，才使得中华文明绵延五千年而不断。在我们党团结带领人民进行革命、建设、改革的各个历史时期，从"兵工事业开拓者"吴运铎、"高炉卫士"孟泰、"铁人"王进喜、"两弹元勋"邓稼先，到"蓝领专家"孔祥瑞、"金牌工人"窦铁成……一代又一代劳动模范以创造、创新、创业的激情，铸就了艰苦奋斗的劳模精神，加快了我国社会主义现代化建设的步伐，成为伟大时代精神的生动体现。但是，我国仍然处于并将长期处于社会主义初级阶段的基本国情没有变，我国是世界最大发展中国家的国际地位没有变。这决定了要实现中华民族伟大复兴的梦想，还需要一代又一代的劳动者不断艰苦奋斗，集中力量解放和发展社会生产力。

4. 勇于创新

新时代的劳模精神就是要勇于创新，以创新精神来丰富劳模精神的新内涵，这是时代的选择、历史的必然。创新是人作为拥有智慧的高等生物的有意识的创造性实践行为，即人类通过对物质世界的利用和再创造，制造新的矛盾关系，形成新的物质形态。劳动者通过创新提高劳动生产率，促进经济社会发展。

从中华人民共和国成立初期的百废待兴，到如今嫦娥飞天、蛟龙入海、火星探测、亩产 1 000 公斤以上的超级杂交水稻问世……处处闪耀着创新之光。在创新驱动下，我国经济社会发展取得巨大成就，经济持续快速增长，综合国力跃居世界第二位，发展的协调性和可持续性明显提高。但我们不能忽视快速发展背后的隐患，如产能过剩，资源分配不均，关键核心技术不足，生态环境破坏等问题。解决这些问题的突破口在于大力发展科学技术，新时代社会主义劳动者应抓住全球新一轮科技革命和产业革命的机遇，不断推进科技创新、管理创新、市场创新、产品创新、品牌创新。

5. 淡泊名利

淡泊名利是一种悠然自得的心态、超然脱俗的境界，它表现为劳动者轻名忘利,不为名利所累,不为身外之物所困,实实在在地对待工作,豁达客观地看待得失。淡泊名利的精神可以让劳动者在物欲横流的当下免于浮躁,修身养性。

诸葛亮的"淡泊以明志,宁静而致远",杜牧的"莫言名与利,名利是身仇",蔡锷的"胸怀广大,须从平淡二字用功"等,都劝诫人们对待名利要淡泊克制,这与儒家思想是一脉相承的。在现代社会中,淡泊名利似乎有悖于市场经济和竞争,其实不然,这恰恰是当代中国劳模群体的闪光点。淡泊名利,并不代表不争取、不上进,相反,劳模对待劳动和工作脚踏实地,精益求精,其所做的一切都是为了党和人民,毫不利己,专门利人。

6. 甘于奉献

甘于奉献是中国当代劳模最鲜明的标识,它是指为社会集体利益或他人利益,心甘情愿地、不受逼迫地出让、舍弃、牺牲个人利益的一种高尚的行为品格,表现为劳动者在劳动活动中自愿地、全身心地、不计报酬地付出自己的时间、精力甚至生命。

中华民族诞生了无数歌颂劳动、赞美奉献的励志古训和经典故事,深刻影响着当代中国人的精神世界。从"井冈山精神"到"延安精神",从"螺丝钉"精神到"老黄牛"精神,从"抗震救灾精神"到"抗疫精神",虽然时代在变,但一代代中国劳动者甘于奉献的精神没有变。从各行各业涌现出来的劳模在各自的岗位上默默奉献、不计得失,在奉献中创造价值,在奉献中赢得尊敬,激励着人们前进,推动着中华民族伟大复兴的进程。

三、新时代的劳模精神

微课:新时代
的劳模精神

新时代劳模精神与中华民族伟大复兴的中国梦是相托相生的。我们要清醒地认识到,幸福不会从天而降,梦想不会自动成真。"民生在勤,勤则不匮。"只有全体中华儿女众志成城、万众一心,把一切力量都凝聚起来，把一切积极因素都调动起来，依靠辛勤劳动、诚实劳动、创造性劳动才得以托起中国梦。新时代劳模精神与社会主义核心价值观在文化传承、教育导向、爱国情怀、道德提升等方面高度契合。劳模将"小我"融入国家发展的潮流中，是新时代的楷模。

新时代劳模精神与工匠精神是相辅相成的。这两种精神的内涵具有共同的文化底蕴和价值导向。纵观不同时期的劳动模范，有许多劳动模范堪称大国工匠，而今日很多大国工匠也无愧于劳动模范的荣誉称号。劳模精神和工匠精神都是以爱国主义为核心的民族精神和以改革创新为核心的时代精神的生动体现。

"我当劳模的年代，比谁更能吃苦，比谁更能流汗。如今，社会和时代则更需要智慧和知识，更需要创造性的劳动。"劳模金秀兰说。在不同的年代，劳模精神有着不同的特点。革命战争年代，被誉为"边区一面旗帜"的赵占魁、"兵工事业开拓者"的吴运铎等劳动模范的先进事迹和崇高品质，集中体现了"用新的劳动态度对待新的劳动"的社会主义劳动精神。中华人民共和国成立之初，闻名全国的"孟泰精神"，体现了工人阶级强烈的主人翁责任感以及艰苦创业、勤俭节约的高尚情操；社会主义建设时期，"铁人"王进喜的模范事迹集中体现了中国工人阶级为国争光、为民族争气的爱国主义精神，独立自主、自力更生的艰苦创业精神，以及胸怀全局、为国分忧的奉献精神；改革开放以来，蒋筑英、徐虎、李素丽等劳动模范的先进事迹体现了解放思想、实事求是、不畏艰难、一往无前，为社会主义现代化事业不懈奋斗的时代精神。

新时代的劳模精神不仅体现在艰苦创业、踏实苦干，更表现为不断学习新的知识，刻苦钻研新的技术，努力掌握新的本领，自觉把人生理想、家庭幸福融入国家富强、民族复兴的伟业之中。

云南锦润数控机械制造有限责任公司机床事业部加工车间主任刘斌，在工作中刻苦钻研业务，与时俱进、大胆创新，带领着研发小组，对公司的机床优化改善予以提升改进，获得"一种行程增大铣床""一种加固稳定铣床""新型炮塔铣双燕尾导轨结构""重型炮塔式铣床"等多项实用新型专利。大胆引进新技术、新设备，在数控化机床的生产使用上，实现了由普通铣床到数控铣床的转变；在数控化管理模式上，实现了由一人操作一机到现在的一人操作多机的转变。

武钢集团昆明钢铁股份有限公司李淼，自任职安宁公司新区炼铁厂厂长抓生产以来，负责组织高炉的技改项目，累计完成科研项目 9 项，为企业创造 3.2 亿元的综合经济效益。《昆钢 2 500 m³ 高炉低燃料比冶炼研究》项目在综合入炉品位仅 54.2% 的条件下，完成入炉燃料比 518.6 kg/t，达到国内领先水平。他成立的国家级"李淼技能大师工作室"，获国家专利 17 项。

无论时代如何变迁，无论劳动形态怎样变化，社会主义国家广大劳动者的主人翁地位不会变，劳模精神的价值体现也不会变，"爱岗敬业、争创一流，艰苦奋斗、勇于创新，淡泊名利、甘于奉献"的精神内涵更不会变。

📋 课后思考

全国劳动模范和先进工作者表彰人选一直受到广泛关注，这体现了全社会对劳动价值的认同、对先进模范的尊崇。劳动模范和先进工作者以自身的模范行动和崇高品质，生动诠释了中国人民具有的伟大创造精神、伟大奋斗精神、伟大团结精神、伟大梦想精神，充分彰显了以爱国主义为核心的民族精神和以改革创新为核心的时代精神。习近平总书记强调："全国各族人民都要向劳模学习，以劳模为榜样，发挥只争朝夕的奋斗精神，共同投身实现中华民族伟大复兴的宏伟事业。"

📝 请结合你所学的专业，谈谈我们应该如何向劳模学习？

任务二　争做劳模先锋

劳动箴言

智慧源于勤奋，伟大出自平凡。

——马克西姆·高尔基

案例导入

徐成东：攻坚克难创辉煌　言传身教传帮带

徐成东，云南驰宏资源综合利用有限公司铅厂熔炼车间艾萨炉工序工序长、高级技师。作为一名普通的一线工人，徐成东从事冶炼行业已有近 30 个年头，凭着一腔热爱，他脚踏实地，潜心钻研，在技改创新的道路上，不断攻克一道道难关，解决一个个难题，开创了世界首座艾萨炼铅炉，协助攻克世界第一座艾萨炉铅冶炼难关，创造了 978 天炉龄的世界纪录，成为国际艾萨冶炼技术领跑者，成长为一名响当当的技术能手。

2005 年，徐成东通过考试，成为一名艾萨炉操作工。艾萨炉是引进设备，外国专家团在操作、调试的时候，中国工人不能在场，这无疑给中方树了一道技术隔离墙，而且操作工拿到的材料全是英文，这无形中又增加了学习的难度。为了攻克难题，徐成东每天提前一个小时进单位，在现场观察、熟悉设备和流程，每天晚上背英文单词，凌晨才睡觉。他一有机会就跟在外国专家的身后，学习和观察他们处理问题的办法和技巧。

就这样过了三个月。凭借自己的努力，他渐渐熟悉了主控操作页面上所有标识和英文图标，并能简单进行操作。有一天，外国专家来给大家上课，他问有谁能上来画一下艾萨炉的线路图。徐成东主动上台，将线路图画了出来。外国专家露出惊讶的神情，朝他竖起了大拇指，同时邀请他到艾萨炉的故乡——澳大利亚进行学习和深造,继续探索艾萨炉工艺,徐成东婉拒了:"我的公司给了我这个难得的机会,我要用学到的知识回报公司,谢谢你们的邀请。"外国专家们称赞他是"amazing Chinese worker(了不起的中国工人)"。

多年来,徐成东获得了许多荣誉——"全国五一劳动奖章""云南省劳动模范""全国劳动模范""云岭首席技师""全国技术能手"等。2017年11月,以徐成东命名的国家级技能大师工作室被评为全国示范性劳模创新工作室。

说起成绩,徐成东最引以为豪的却是自己带的技术人员和徒弟已经能够独当一面。"一枝独秀不是春,百花齐放春满园",这是领导对徐成东的评价,也是他一直以来的心愿。劳模工作室成立以来,徐成东通过传、教、帮、带,将他自己多年来总结的熔池熔炼技术和经验,毫无保留地传授给所带的徒弟们,让他们在实际操作中尽快上手,能够熟练地掌握各项操作技能。

在熔炼车间流行一句话:"有事找徐劳模!"在工人们眼里,没有徐成东解决不了的技术问题。回想这些年来在平凡的岗位取得的成绩,他从一个普通的操作工人,成长为铅冶炼方面的"专家",成长为公司的技术骨干,成长为"云南省劳动模范""全国劳动模范",正是不断的超越和在平凡岗位上的砥砺攻坚,成就了徐成东。但前进的脚步不会停止,面对前方的路,徐成东懂得,唯有踏实、沉稳、锲而不舍,才能走出一路精彩,书写新的荣光。

(来源:云南网,有删改)

 是什么激励和支撑徐成东从一名普通的一线工人成长为一名响当当的技术能手?

一、劳动群众铸就中国梦

1. 劳模精神是劳动精神的一部分

历史唯物主义认为,人民群众首先是通过物质生产活动,并且通过在这个基础上所进行的阶级斗争、社会革命、社会改革以及精神领域等方面的活动,来创造历史的。马克思主义认为劳动群众是人民的核心。1955年，中国人民银行发行第二套人民币，这也是中华人民共和国成立后发行的第一套人民币，其中面额最大的"拾圆币"的图案是一位充满劳动激情的工人和一位满怀劳动喜悦的农民。1962年，中国人民银行发行了第三套人民币，炼钢工人、纺织工人、车床工人、拖拉机手等劳动人民的群像成了人民币的图案形象，他们的形象至今仍深深地镌刻在每个人的脑海之中。这套钞票当中的"拾圆币"在当时有一个响亮的称号叫"大团结"，工农商学兵，各行各业、各民族的劳动者簇拥在一起，以国家主人的崭新风貌讴歌着社会主义建设的壮丽图景。这样系统鲜明地把劳动人民的群像印刻在国家货币上，在全世界都是罕见的，这宣示了新中国劳动群众当家作主的基本价值。

劳模的本意就是劳动者中的模范。劳模群体是劳动者群体中的一部分，从这个意义上讲，劳模精神也是劳动精神的一部分。劳动精神是做一名合格的劳动者应该有的精神，劳模精神则是成为劳模必须有的精神。做劳动者不合格，就更不可能成为劳模。没有劳动精神，也不可能有劳模精神。所以，劳动精神应该成为所有劳动者都必须拥有的精神。劳模精神也是所有劳动者都应该学习的精神。二者是方向和基础的关系，劳模精神是方向，劳动精神是基础。

2. 劳模精神引领复兴征程

习近平总书记在庆祝中华人民共和国成立70周年大会上发表重要讲话："新中国70年何等辉煌！中国共产党领导中国人民实现了一个又一个'不可能'，创造了一个又一个难以置信的奇迹。奇迹是干出来的，社会主义是干出来的。中国共产党和中国人民有雄心、有自信继续奋斗，朝着实现'两个一百年'奋斗目标、实现中华民族伟大复兴的中国梦奋勇前进。实践充分证明，中国人民一定能，中国一定行。"

新中国成立后，对外遭受着众多国际势力的封锁，对内还面临着5亿人口的生存和国家工业化建设等问题。在当时一穷二白的情况下，短短几年时间里，中国第一辆"解放牌"大卡车下线，国产首批"东方红"拖拉机完成生产，第一列"人民第一号"火车诞生，第一艘万吨远洋货轮"跃进号"下水,第一架飞机"初教–5"型教练机上天,第一颗原子弹爆炸……这些成就宣告着新中国正在追赶着世界。而这背后,是一批批像邓稼先、吴运铎这样默默奉献着的劳模,以其艰苦奋斗、甘于奉献的劳模精神,引领着广大劳动群众,用他们的艰辛付出,加快了追赶的速度。

实践证明,改革开放极大地解放和发展了社会生产力。2008年4月11日,"和谐号"动车组成功下线,中国由此成为世界上仅有的几个有能力制造平稳时速超过350公里高速铁路移动装备的国家之一。从100年前向国外输送铁路劳工,到100年后向国外输送铁路技术,这不平凡的转变,记录着几代劳动群众的奋发和艰辛。走出去的不仅有中国高铁,还有一大批大型国有企业,它们延伸着古代丝绸之路的足迹,将科技、勤劳与和平带往世界各地。这些成就,离不开新时代劳动模范的示范和引领,离不开劳动群众的奋斗和拼搏。

不仅是国有企业,我国的民营企业家和劳动者也同样通过诚实劳动创造着财富,书写着勤劳奋斗的故事。目前,我国民营经济主体的数量占市场主体总量的90%以上,提供了80%以上的城镇劳动就业岗位,提供的产品和服务超过国内生产总值的60%。我国民营经济的发展过程中,涌现出了曹德旺(福耀玻璃工业集团创始人)、何享健(美的集团创始人)、陈炎顺(京东方科技集团董事长)等一批批优秀的省级以及全国劳模模范,带领着民营企业劳动者贡献了超过50%的税收,创造了巨大的财富。

国家财富的每一步积累,国家发展的每一次跨越,都凝结着各行各业劳动模范的辛勤耕耘和全身心的付出,他们的优秀品质和崇高精神,激励着许多普通劳动者拼搏奋进,影响着几代人对人生梦想的不懈追求。亿万劳动群众的不懈坚持,共同铸就着中华民族的伟大复兴之梦。

二、劳动模范的重要意义

微课：劳动模范的重要意义

1. 劳动模范是社会主义劳动者的榜样和先锋

劳动模范基于对自己职业岗位的敬重与热爱，在他们的工作态度与职业道德中渗透出一种优秀的精神品质。随着劳动模范规模的逐渐壮大，劳模精神的影响力更加举足轻重，劳动模范已经成为推进国家兴盛繁荣的重要贡献力量，在全面建设社会主义现代化国家的新征程上，表彰劳动模范、弘扬劳模精神，具有更加重大而深远的意义。把国家和人民利益放在首位、勇于承担历史使命与责任的主人翁意识是劳模精神的集中体现；为国争光、为民族争气的强烈爱国主义情怀，是我们中华民族自尊心、自信心和自豪感的集中体现。中国人民在征服自然、改造社会、维护国家统一完整和促进文明发展的历程中逐步形成的民族精神和永恒的文化价值，在新时代社会改革发展的过程中、在新时代劳动模范身上，得到了传承与弘扬。

2. 劳动模范代表着宝贵的民族精神和文化价值

民族精神是一个民族在长期的社会历史发展过程中积淀而成的，共同的理想信仰、价值观念和文化是一个民族生存与发展的纽带。劳动模范所表现出来的民族精神，汇聚人心，凝聚力量。他们高尚的品格品质令我们崇敬，更值得我们学习。劳动模范的引领和示范，展现出了我们独具特色的民族精神，我们要大力弘扬伟大的中华民族精神，培育好我们中华民族的精神家园，保护和传扬好中华优秀传统文化，树立好新时代的价值导向，加强文化自信，传承中华文明。

3. 劳动模范带领广大群众树立新时代风尚

劳动模范的作用和现实意义，不仅在于劳动本身推动社会生产力进步，更在于劳动模范所体现出来的民族精神、奉献精神、创造精神，为新时代的社会主义劳动者树立了新的标准，带动了新的社会风尚。中华民族五千年的历史积淀，孕育出了丰富优秀的传统文化，凝练了宝贵的道德品质。劳动模范的力量是促进和加强社会主义道德建设的重要力量，能有效促进中华民族传统美德的弘扬与传承，推动全社会良好道德风尚的形成，引领社会尊重劳动、热爱劳动、创造劳动、爱岗敬业、甘于奉献。中华传统道德与美德是历史上不同时期人们行为方式、价值观念和文化素养的现实体现，是中华民族的瑰宝。劳动模范在继承与弘扬传统道德与美德的过程中，树立了属于新时代的新标准与新风尚。

4. 劳动模范的榜样力量助力青年一代践行社会主义核心价值观

2018 年 9 月 10 日，习近平总书记在全国教育大会上指出："要在学生中弘扬劳动精神，教育引导学生崇尚劳动、尊重劳动，懂得劳动最光荣、劳动最崇高、劳动最伟大、劳动最美丽的道理，长大后能够辛勤劳动、诚实劳动、创造性劳动。"党的十九大报告中，习近平总书记又提出了培养担当民族复兴大任的时代新人的这一重要战略命题，同时对广大青年给予了新时代的新倡导："青年兴则国家兴，青年强则国家强。青年一代有理想、有本领、有担当，国家就有前途，民族就有希望。"青年一代要做有理想信念、有过硬本领、有责任担当的时代新人和改革先锋。每个时代都有每个时代的精神，每个民族都有每个民族的价值观念。中华民族的优秀历史文化，孕育着仁爱、诚信、正义、和谐的价值传统，传承着以"仁义礼智信"为主要内容的核心价值观。这些价值观念构成了社会发展的基本道德准则和行为规范，是中华文明薪火相传的精神支柱与核心。劳动模范的榜样力量、劳模精神的伟大感染力，对于培育社会主义青年有着意义非凡的时代价值，能够助力青年一代努力践行社会主义核心价值观，在实干中坚定信念、增强本领、勇于担当。

三、努力建设高素质劳动大军

党的二十大报告指出："培养造就大批德才兼备的高素质人才，是国家和民族长远发展大计。""劳动者素质对一个国家、一个民族发展至关重要。当今世界,综合国力的竞争归根到底是人才的竞争、劳动者素质的竞争。"习近平总书记出席全国劳动模范和先进工作者表彰大会并发表重要讲话强调,要"努力建设高素质劳动大军"。

我国劳动者素质现状并不乐观。人社部统计数据显示,2020 年 11 月,我国就业总人口中技术工人近 1.7 亿,仅占就业人员总数的 25%,其中高技能人才近 4 800 万人,仅占技能劳动者总数的 28.2%,占就业人口的 6%。[①] 这意味着大部分劳动力仍只能从事低技术、人口密集型的劳动。目前我国一些地方出现的"技工荒",就是这种情况的反映。人是生产力中最活跃的要素,事关改革发展稳定大局,要走新型工业化道路、建设制造强国,要实施职工素质建设工程,推动建设宏大的知识型、技术型、创新型劳动者大军,这是一项长期、艰巨且庞大的系统工程。

素质是劳动者思想、知识、才能等方面的综合素养和能力的反映(图 1-2)。劳动模范是劳动者中的突出代表,他们之所以能成为人民敬仰的劳模,正是因为他们具有普通劳动者所不具备的各项素质,他们不仅勤于劳动,而且善于学习、勇于创造,用学习和创造提升劳动品质,在创造性劳动中实现梦想。

**图 1-2
劳动者需要多种素质**

---

① 数据来源:人民日报社.努力建设高素质劳动大军.2020.11.29.

1. 不断提高自身素质是前提

掌握技术技能的高素质劳动者是高科技及时转化为现实生产力的决定性因素。我国正处在推动高质量发展、转变发展方式、优化经济结构、转换增长动力的关键时期，战略性新兴产业、先进制造业、现代服务业的发展和新业态出现，以及互联网技术的应用、传统产业转型升级等，都对劳动者的知识技能水平提出了更高的要求。劳动者应养成善于学习、勤于思考的习惯，实现学以养德、学以增智、学以致用，要适应新一轮科技革命和产业变革的需要，密切关注行业、产业前沿知识和技术进展，勤学苦练、深入钻研，不断提高技术技能水平。许多全国劳动模范，如窦铁成、孙家林、施永祥等，他们只有初中学历，但他们从未停止学习，从不放弃钻研，精于探索，勇于创新，用自己的智慧证明了劳动是双手与智慧的融合，充分彰显了劳模"敢为天下先"的创新精神。

2. 加快构建现代职业教育体系是关键

2021年4月，全国职业教育大会在北京召开，习近平总书记对职业教育工作作出重要指示。他强调："在全面建设社会主义现代化国家新征程中，职业教育前途广阔、大有可为。"职业教育是培养技术工人的主要途径，据统计，全国及各省劳动模范中一线职工均超过50%，他们绝大部分毕业于职业院校，可以说职业院校是培育和弘扬劳模精神的主要阵地。对于职业教育，党和国家从完善职业技术教育国家标准，推行"学历证书＋职业技能等级证书"制度（"1+X"证书制度），到深化职普融通，推进职业技术教育与普通教育双向互认、纵向流动，再到谋划建立职教高考制度，完善社会评价机制，一系列政策举措为职业教育发展提供了有力托举。不断完善现代职业教育制度，创新各层次各类型职业教育模式，激励更多青年一代走技能成才、技能报国之路，在为技能型社会提供人力资源支撑的同时，青年一代职业院校学生也将书写更多"技能改变人生"的精彩故事。

3. 为劳动者及劳模成长创造良好条件是保障

全心全意为工人阶级和广大劳动群众谋利益，是我国社会主义制度的根本要求,是党和国家的神圣职责,也是发挥我国工人阶级和广大劳动群众主力军作用最重要、最基础的工作。要尊重劳动者就必须让其"有尊严地劳动"。近年来,党和国家不断营造环境、搭建平台、畅通渠道、创新方式,为广大职工成长成才、就业创业、报效国家、服务社会创造更多机会,为广大职工参与企事业单位民主管理、参与国家和社会治理打开更广阔的通道。一是提高技术工人的地位和待遇;二是完善技能人才激励政策,鼓励职工在关键领域、核心技术上大胆创新、大胆突破;三是推动构建产业工人技能形成体系,培养更多能工巧匠;四是大力弘扬劳模精神,完善劳模政策,提升劳模地位,落实劳模待遇,让劳动模范成为广大青少年学习的榜样,推动更多劳动模范和先进工作者竞相涌现。

课后思考

习近平总书记指出:"全国各族人民都要向劳模学习,以劳模为榜样,发挥只争朝夕的奋斗精神,共同投身实现中华民族伟大复兴的宏伟事业。"自1950年党和国家首次表彰劳动模范以来,各条战线英雄辈出,群星灿烂。特别是党的十八大以来,我国工人阶级和广大劳动群众在实现中国梦伟大进程中拼搏奋斗、争创一流、勇攀高峰,为决胜全面建成小康社会、决战脱贫攻坚发挥了主力军作用。他们当中很多都是身在基层普通岗位的技能型人才,他们虽从事着"苦、累、脏"的工作,但他们干一行、爱一行,钻一行、精一行,全身心地融入平凡的事业当中,在平凡的岗位上实现了人生价值和追求。一个榜样就是一盏明灯,这些劳模正是广大职业院校学生前进路上的明灯。我们要学习他们刻苦钻研、与时俱进、勇于创新的精神,乐学、敬业、创新、奋进,争做新时代高素质技术技能型人才先锋。

观看 CCTV 纪录专辑《榜样的力量》,结合高职学生新时代的历史使命与担当,谈一谈榜样对我们的现实意义。想一想,我们应该如何提高自身的劳动素质?

任务三　践行劳模精神

劳动箴言

人类是劳动创造的,社会是劳动创造的。劳动没有高低贵贱之分,任何一份职业都很光荣。

——习近平

案例导入

起明:在大临铁路一线诠释劳模精神

2020年12月的云南省临沧市,丝毫没有冬日的寒意。大临铁路的精调施工现场热火朝天,万名铁路工作者正为即将开通运营的大临铁路忙碌着。临沧站的信号机械室内,中国铁路昆明局集团有限公司广通工电段广通维修技术中心电子信号专修队队长、49岁的起明正带领着同事们在室内和道岔间来回奔走,进行电务设备检查、调试作业,对讲机的呼唤应答声、道岔的来回扳动声、检修万用表的指针滴答声不绝于耳。随着大临铁路的建设不断推进,大临铁路开通运营进入了倒计时。

大临铁路北起连接全国路网的云南大理站,横跨澜沧江经凤庆县、云县至临沧,全长202 km,是完善我国西南地区铁路网布局,服务"一带一路"建设,促进沿边、少数民族地区开发开放的重要通道。

2020年9月,起明进驻大临铁路精调施工,11月,大临铁路建设进入攻坚期。这是一场与时间赛跑的战役。大临铁路隧道多,工人们经常每天十几个小时在隧道内工作,分不清白天和黑夜;新线建设交通不便,后勤保障难度大,他们每日与压缩饼干相伴;施工现场人员多,没有厕所,他们坚持少喝水、少吃东西。经过一连50天吃住在现场的连续奋战,团队取得了所有信号电缆、信号机安装调试一次性通过验收的优异成绩,为创造云南铁路提前开通历史纪录做出了自己的努力和贡献。作为一名云南铁路人,起明最大的心愿就是修通更多的铁路,让每一个少数民族同胞都能便捷出行。

参加工作以来,起明共参加局级技术比赛 12 次,8 次夺魁,是电务专业的技术标兵。他先后荣获全路技术能手、云南省技术状元、云南省劳动模范、全国知识型职工、全国五一劳动奖章等荣誉。

2020 年 11 月 24 日,起明走进北京人民大会堂,参加了全国劳动模范和先进工作者表彰大会。看到身边各行各业的杰出代表,起明深感光荣与责任并行,他说:"还有许多优秀的劳动者在平凡的岗位上默默奉献,能获得这项荣誉,也激励我在今后的每一天,不但要无愧于自己,而且要代表广大的劳动者们不断奋进、开拓创新、诠释劳模精神。"匆忙从北京领奖完毕的他,又奔向大临铁路精调施工的一线。

(来源:光明日报,有删改)

 结合上述案例,想一想,高职学生作为未来劳动者的中坚力量,如何在自己的岗位上勇于担当、做出自己的贡献?

一、辛勤劳动　做爱岗敬业者

微课:践行劳模精神

1. 筑牢信仰之基　劳动是幸福的源泉

习近平总书记指出:"劳动是财富的源泉,也是幸福的源泉。人世间的美好梦想,只有通过诚实劳动才能实现;发展中的各种难题,只有通过诚实劳动才能破解;生命里的一切辉煌,只有通过诚实劳动才能铸就。劳动创造了中华民族,造就了中华民族的辉煌历史,也必将创造出中华民族的光明未来。"我们要坚信,劳动可以创造财富,劳动可以创造幸福。作为新时代的青年,身处职业教育蓬勃发展、奔腾而进的洪流之中,我们首先要清晰地认识到自己的担当与使命,在新的奋斗目标面前,坚定理想信念、筑牢信仰之基,努力投身到学习工作当中。要热爱劳动、辛勤劳动,培养吃苦耐劳的精神,认真钻研、勤于实践。特别是对于高职学生而言，能掌握高水平技术技能的实践能力是尤为重要的社会竞争力，要提升自身动手实践能力和创新创造能力，离不开对劳动的深刻领悟。在不断学习和实践的过程中，实现目标、突破自我，提升自己的人生价值，这是一个自我满足的过程。只有辛勤劳动，才能实现自我满足，在创造财富的同时，获得幸福。

2. 实干成就伟业　奋斗让梦想成真

习近平总书记在 2015 年 4 月 28 日庆祝"五一"国际劳动节暨表彰全国劳动模范和先进工作者大会上的讲话上提到："三百六十行，行行出状元。任何一名劳动者，要想在百舸争流、千帆竞发的洪流中勇立潮头，在不进则退、不强则弱的竞争中赢得优势，在报效祖国、服务人民的人生中有所作为，就要孜孜不倦学习、勤勉奋发干事。一切劳动者，只要肯学肯干肯钻研，练就一身真本领，掌握一手好技术，就能立足岗位成长成才，就都能在劳动中发现广阔的天地，在劳动中体现价值、展现风采、感受快乐。"高等职业院校的特点在于对学生技术技能、实践能力的培养，高职学生的优势就在于实干、敢想敢干、敢于追梦的精神。每个人都有梦想，个人的梦想要靠自身奋发图强的努力才能实现，而中华民族伟大复兴的中国梦要靠人民群众的辛勤劳动来实现。如果每个劳动者都在各自不同的岗位、在各自的人生舞台上展示自我、实现梦想，那么中国梦的实现就越来越近了。

3. 焕发劳动热情　坚守工作岗位

习近平总书记强调："我们要在全社会大力弘扬劳动光荣、知识崇高、人才宝贵、创造伟大的时代新风，促使全体社会成员弘扬劳动精神，推动全社会热爱劳动、投身劳动、爱岗敬业，为改革开放和社会主义现代化建设贡献智慧和力量。劳动模范和先进工作者、先进人物不仅自己要做好工作，而且要身体力行向全社会传播劳动精神和劳动观念，让勤奋做事、勤勉为人、勤劳致富在全社会蔚然成风。"我们的劳动模范、先进工作者、先进人物在各自的工作生活中努力传播着勤勉付出的劳动精神，作为未来建设中国特色社会主义事业的时代先锋，高职学生应该用劳模崇高的精神和高尚的品质鞭策自己，弘扬劳动最光荣、劳动最崇高、劳动最伟大、劳动最美丽的社会风尚。用青年一代的优良作风、时代气息焕发自己的劳动热情，投身到各行各业的奋斗当中。对技术技能精益求精、对职业道德严加遵循，是我们对待劳动的态度，也是我们对待人生的态度。我们要树立起新的社会风尚，用朴实纯粹的劳模精神指引和鼓舞自己坚守在自己的岗位上（图1-3）。

图 1-3
坚守岗位

二、争创一流　做精益求精者

1. 深刻理解职业教育中"技能"的内涵

2019年，国务院印发《国家职业教育改革实施方案》，开宗明义"职业教育与普通教育是两种不同教育类型，具有同等重要地位"，为新时代职业教育的蓬勃发展奠定了尤为重要的基石。方案中明确指出"把发展高等职业教育作为优化高等教育结构和培养大国工匠、能工巧匠的重要方式，使城乡新增劳动力更多接受高等教育。高等职业学校要培养服务区域发展的高素质技术技能人才"，对高等职业教育人才培养目标作出了鲜明的指示。努力提升综合素养、锻造高水平技术技能是新时代高职学生需要担当的使命与责任。

与普通高等教育相比较，技能的培养是高等职业教育最大的优势和特点。新时代赋予了职业教育更为丰满的技能内涵。我们最先掌握的基本技能是操作技能，操作技能在职业教育中表现为学生的动手能力，要求学生不仅能够独立完成一个合理的技术动作，而且动作要准确稳定、灵活协调。智力技能是高职学生在职业教育中需要掌握的第二层技术技能，包括学生对知识的灵活运用和迁移能力，要求学生运用正确的思维方式来应对实践问题,并非只进行简单的重复性操作。对学生进一步的技能要求体现在素质技能上,这是对人心智的考验,对其职业理念、职业精神的高标准要求。新时代的高职学生应具备较高的社会适应能力,能够进行团队合作,拥有较高的职业素养。在此基础上的另一层技能内涵是综合技能,要求高职学生在完成前三个技能训练的前提下,将其融会贯通,真正将技能、知识、职业素养和谐地糅合在一起,将对技术技能的培育衍化为一种生活、一种文化,进一步传承和创新。在职业院校转型发展的新形势下,对高职学生的技能培养成了职业院校有效竞争力的根源所在,同时高职学生也需要强化自主意识,努力奋进,掌握高水平技能,为新时代社会主义事业建设发展书写奋进之笔。

2. 在技能文化的熏陶中发展自己

文化来源于生活,它没有高低之分、否泰之鉴,它是一面镜子,透着生活的本真。当技能上升为一种文化,便更容易被广泛接受、认同、普及和传承。所谓技能文化,同样有着不同层面的内涵。操作层面,技能文化体现的是学习者所掌握的动手操作能力、一技之长;制度层面,技能文化涉及技能培育的长效机制和保障体系;行为层面,技能文化所要求的不是单一的个体行为,而是一个群体性的长期社会活动,融入职业、融入生活;精神层面,技能文化表现在群体的整个思维和价值取向上,对技能本身有一种归属感和自豪感,能够进行传承与创新,是技能与生产生活最契合的一种状态,是从有形到无形的一种升华。高等职业教育便是要通过对技术技能的培育升华形成一种可以传承的技能文化,将"高等性"与"职业性"均衡地协调在一起,最终达到教育的终极目标,促进"人"的发展。从简单的技术技能发展为一种职业化、生活化的行为方式、思维方式和价值理念,让个体将知识、技能、职业、生活和谐地连接在一起,在这种文化熏陶中发展自己。

技能文化的养成离不开最基本的物态文化,即一门精湛的手艺。

在千锤百炼的技艺培养中,将其变成一种生活方式、一种具有普适性的群体行为模式。学习者要将学习的知识、技能融入实际生产生活中去,使其具有服务和引领社会的意识与功能。高职学生可通过产教融合的多元化平台,通过技能推广、社会服务和技能培训等活动,努力提升自身的社会服务能力和价值。

3. 做一个"技艺高超"的劳动能手

一所技能文化氛围浓厚的高职院校,可以为全校师生搭建施展个人才华、放飞职业梦想、融入企业文化的平台,可以营造出人人皆可成才、人人尽展其才的良好环境。高职学生要牢固树立"尊重劳动、崇尚技能、热爱专业、凝练素质"的职业人才观念,通过积极主动投身和参与各项技能活动,提高学习技术技能的主动性、积极性和创造性,让技能文化真正融入我们的学习、工作和生活当中,不断积淀成一种群体性的文化自觉。在技术技能及技能文化的培育中,提高职业素养、体悟职业精神、努力践行职业操守,认真工作、兢兢业业,努力将技术技能转化为技艺,转化为生活的一部分。技艺的特质在于它是艺术化的技术技能,是在标准的基础上追求美的过程。在这个过程中,我们要用争创一流、勇于创新的劳模精神时刻鞭策自己,"能人所不能、为人所不为",做一个技艺高超的劳动能手(图1-4)。

图 1-4
做技艺高超
的劳动能手

三、勇于创新　做时代创造者

1. 用闯劲、干劲担起建设新时代中国特色社会主义事业的重任

习近平总书记在纪念邓小平同志诞辰110周年座谈会上的讲话中指出，越是伟大的事业，往往越是充满艰难险阻，越是需要开拓创新。要把开拓创新作为一种常态，敢破敢立、敢闯敢试，义无反顾地把改革开放不断推向前进。习近平总书记的论述，铿锵有力地阐述了新时代改革创新的姿态。当下，我们处在一个全新的发展时期，中国特色社会主义进入新时代，我国社会的主要矛盾已经转变为人民日益增长的美好生活需要和不平衡不充分的发展之间的矛盾。面对新的历史矛盾和客观需求，我们必须要有"敢为人先"的闯劲，"勇往直前"的干劲，敢于创新与创造。"敢于创新"就是要敢于尝试，勇于探索和突破。大胆假设，小心求证，超越自我。建设新时代中国特色社会主义事业，需要走前人未走过的新路，在探索中谋大局、建新章。高职学生是国家建设和社会发展的主力军，我们要大胆探索、大胆实践，才能找到解决问题的办法，找到破解矛盾的钥匙。时代的发展和召唤，需要我们进一步解放思想、转变观念，作为高素质技术技能人才，要牢固树立敢为人先的进取意识，用创新气魄和创新胆识持续探索新时代中国特色社会主义事业发展需要的方略和路径，担起建设新时代中国特色社会主义事业的重任。

2. 慎思笃行　在不断探索中创造与改变

《礼记·中庸》有言："博学之，审问之，慎思之，明辨之，笃行之。"博学、审问、慎思、明辨、笃行，这是我们认识世界的过程，也是学习知识的过程：通过广泛的学习涉猎、不断积累知识；审慎地思考和追问疑惑；积极谨慎地思索之后明确辨析；最后持之以恒地践行，达到"知行合一"。任何事情都不是一蹴而就的，需要不断探索才能发现真理，达到一个前所未有的新境界。在这个过程中,需要坚定不移的信念,在新事物还未出现、事情未有改变之时,我们最需要的就是在慎思笃行的过程中守护着那份坚持,在千锤百炼的劳动中磨炼与蜕变。创造性劳动并不是机械化地重复做工,而是有思考、有选择地劳动。创造性劳动需要我们具备坚毅笃定的信念和永不放弃的决心,在不断探索中创造新事物,改变生活。

3. 当好主人翁　建功新时代

2019 年,国务院颁布《国家职业教育改革实施方案》,方案提出要"完善职业教育和培训体系,优化学校、专业布局,深化办学体制改革和育人机制改革,以促进就业和适应产业发展需求为导向,鼓励和支持社会各界特别是企业积极支持职业教育,着力培养高素质劳动者和技术技能人才。经过 5—10 年左右时间,职业教育基本完成由政府举办为主向政府统筹管理、社会多元办学的格局转变,由追求规模扩张向提高质量转变,由参照普通教育办学模式向企业社会参与、专业特色鲜明的类型教育转变,大幅提升新时代职业教育现代化水平,为促进经济社会发展和提高国家竞争力提供优质人才资源支撑"。这是新时代职业教育发展的指向标,也是高职学生应该了解的国家政策指导和需要肩负起的历史使命。我们要坚定自己的主人翁信念、担起主人翁的责任,争做国家改革发展的先锋,辛勤劳动、专注劳动、创造性劳动,建功新时代、奋进新征程。

劳动模范是民族的精英、人民的楷模,是共和国的功臣。爱岗敬业、争创一流、艰苦奋斗、勇于创新、淡泊名利、甘于奉献的劳模精神在国家建设发展的每段峥嵘岁月中,都扮演着至关重要的角色。

📋 课后思考

扫码观看视频"走近劳模身边 感受劳模风采——裴贵虎"。

裴贵虎的事迹，为我们生动诠释了"爱岗敬业、争创一流，艰苦奋斗、勇于创新，淡泊名利、甘于奉献"的劳模精神，在新时代为广大人民群众提供了落地有声的榜样力量，不仅为全社会营造了尊重劳模的社会风尚，也激励着每个人在劳模精神的熏陶中认同并践行社会主义核心价值观。

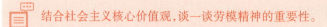

📄 结合社会主义核心价值观，谈一谈劳模精神的重要性。

走近劳模身边
感受劳模风采
——裴贵虎

📙 拓展阅读

《中国劳模口述史》（第1辑）（作者：李珂）

本书精选了中国劳动关系学院17位学员的故事并汇集成册，这些学员都曾获得全国劳动模范称号，在各自的工作岗位上做出了突出成绩，受到各种表彰奖励。全书采用口述体记述，由先进人物亲口讲述自己的故事，其中有个人成长的经历，有亲情、爱情、友情，有成功的喜悦，也有失败的委屈、逆境中的辛酸，以独特的视角展示了一个个真实的、在大众中成长起来的先进人物的形象。

模块二

发扬劳动精神　铸就时代新人

知识导航

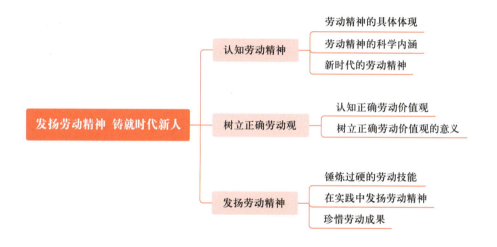

发扬劳动精神　铸就时代新人
- 认知劳动精神
  - 劳动精神的具体体现
  - 劳动精神的科学内涵
  - 新时代的劳动精神
- 树立正确劳动观
  - 认知正确劳动价值观
  - 树立正确劳动价值观的意义
- 发扬劳动精神
  - 锤炼过硬的劳动技能
  - 在实践中发扬劳动精神
  - 珍惜劳动成果

任务一　　认知劳动精神

劳动箴言

劳动最光荣,劳动最崇高,劳动最伟大,劳动最美丽。

——习近平

余超：投身矿业　青春无悔

余超，1991年11月生，2010年进入昆明冶金高等专科学校，就读于煤矿开采技术专业。在校三年期间，余超担任学生会副主席、班长等职务，荣获"云南省三好学生""云南省优秀毕业生"等称号，并多次获得奖学金。余超品学兼优，不仅有着崇高的职业理想，更有清晰的人生规划。在校时，他便利用周末和假期到一些企业实习实践，这些经历磨炼了他吃苦耐劳的良好品质，也为他积累了宝贵的工作经验。

2013年7月，毕业后的余超来到中国铝业股份有限公司贵州分公司矿业公司参加工作，到了矿山，他第一眼看到的是"艰苦奋斗、自强不息"的企业标语。的确，矿山企业拥有其特殊的性质，因为矿山行业是一个高危的行业，一个艰苦的行业，一个需要守得住清贫、耐得住寂寞的行业。采矿更是矿山行业中最辛苦、也最枯燥乏味的工作。

2013年8月，余超到矿山公司生产技术科工作，任采矿技术员兼机关团支部书记。2014年6月，当公司问他是否愿意到基层生产现场锻炼时，他毅然决然地奔赴生产一线，来到了矿山公司长冲河铝矿工作。

来到了生产现场，来到了操作一线，他再也没有午休时间，一干就是从早8点干到晚7点。但是一线的磨炼并没有难倒这个意气风发、不怕吃苦的小伙子。他勤学苦练，虚心向师傅请教，大胆创新，提出改进建议，深得同事和领导的信任。仅仅在一线工作了一个月，公司便任命他为矿长助理兼技术组组长。2014年11月，经公司考察和公示，余超被任命为矿山公司长冲河铝矿副矿长，分管长冲河铝矿生产、安全、技术、质量相关工作。

"宝剑锋从磨砺出，梅花香自苦寒来"。余超坚信，"天生我材必有用"。他曾说："我无权选择生存环境，但可以通过自身的努力改变这个环境；我无法决定生命的长度，但我可以扩展生命的宽度。"从事矿业虽然辛苦，但只要心存热爱、踏实勤奋，便无悔于青春！

（来源：昆明冶金高等专科学校校友网，有删改）

结合上述案例，谈谈余超身上体现了一种什么精神。

一、劳动精神的具体体现

劳动是创造价值的唯一源泉,劳动精神是劳动者在创造美好生活的劳动实践中所秉持的马克思主义劳动观及呈现的精神风貌。习近平总书记在给郑州圆方集团全体职工回信时寄语:"希望广大劳动群众坚定信心、保持干劲,弘扬劳动精神,克服艰难险阻,在平凡岗位上续写不平凡的故事,用自己的辛勤劳动为疫情防控和经济社会发展贡献更多力量。"这既体现出党中央尊重和关心劳动者的价值导向,也体现出新时代激励和培育劳动者的基本要求。党的二十大报告指出,要在全社会弘扬劳动精神、奋斗精神、奉献精神、创业精神、勤俭节约精神,培育时代新风新貌。劳动精神是时代精神的重要组成部分,在时代精神中具有不容忽视的重要作用,劳动精神的内涵与劳动的特性息息相关,具体体现在以下几个方面。

1. 劳动的光荣性

"光荣属于劳动者,幸福属于劳动者。"劳动是一切幸福的源泉,是创造价值的源泉。人世间的美好梦想,只有通过诚实劳动才能实现。正是因为劳动创造,我们拥有了历史的辉煌;也正是因为劳动创造,我们拥有了今天的成就。以中国科技创新为例,从移动支付到共享单车,从"中国制造2025"到物联网、大数据、云计算,从空天领域、海工领域到芯片等尖端领域的成果,无不都是由劳动者的智慧与汗水凝结而成,这些成果让百姓生活更为便捷,让企业发展更具活力,让国家实力更加强大。这一切都是广大劳动者辛勤劳动、诚实劳动的结果,是劳动光荣性的体现。

2. 劳动的广泛性

"劳动是一切幸福的源泉。"不管时代如何变化,都要大力弘扬以辛勤劳动为荣、以好逸恶劳为耻的劳动观,培养更多热爱劳动、勤于劳动、善于劳动的高素质劳动者,只有这样,才能引领亿万人民辛勤劳动、诚实劳动、创造性劳动,齐心协力实现伟大梦想、共创美好生活。劳动是一切成功的必经之路,这正是劳动广泛性的体现。

3. 劳动的人民性

"人民创造历史,劳动开创未来。"我国经济社会发展取得的每一项成就,都源自人民群众的劳动创造。一个个爱岗敬业、锐意创新、勇于担当、无私奉献的先进模范人物,成为鲜明的时代标识,树立无形的精神丰碑。他们"看似寻常最奇崛",既平凡又不凡。平凡,是因为他们来自普通大众、基层一线,始终工作和生活在人民群众中间;不凡,是因为他们对国家和民族做出了超乎常人的牺牲和奉献,无论工作业绩还是思想境界,他们都出类拔萃、引领时代,这正是劳动人民性的体现。

4. 劳动的奉献性

"春种一粒粟,秋收万颗子。"从一针一线、一粥一饭、盆碗刀叉,到丝绸绫罗、华屋广厦、飞机火箭,生活中的一切幸福皆来源于一线劳动者的辛勤劳动与无私奉献。宁可一人脏,换来万家洁,每天早晨人们还在熟睡时,辛勤的清洁工人们已经开始了一天的劳动,无论刮风下雨、严寒酷暑,他们都一如既往地为城市的美好面貌而辛勤工作。当我们在干净的街道上行走时,可曾想过是谁为我们创造出如此美好的环境?清洁工人们用自己的劳动为社会做出重要的贡献,这正是劳动奉献性的体现。

微课:劳动精神的科学内涵

二、劳动精神的科学内涵

劳动精神包含了崇尚劳动、热爱劳动、辛勤劳动、诚实劳动的科学内涵,是劳动者在劳动过程中所持有的劳动理念、态度以及自身展现出的精神风貌。"我们要在全社会大力弘扬劳动精神,提倡通过诚实劳动来实现人生的梦想、改变自己的命运。"关于劳动,习近平总书记强调,劳动是财富的源泉,也是幸福的源泉。人世间的美好梦想,只有通过诚实劳动才能实现；发展中的各种难题，只有通过诚实劳动才能破解；生命里的一切辉煌，只有通过诚实劳动才能铸就。

1. 崇尚劳动

劳动是人类的本质活动，劳动光荣、创造伟大是对人类文明进步规律的重要诠释。劳动是光荣和神圣的，是我国宪法所赋予的、不可剥夺的权利和义务。公民通过劳动，为社会发展进步提供产品和服务，同时也可以提升和发展自我。劳动的成果是神圣的，劳动者通过劳动创造出满足人类社会发展进步的各种产品，同时也可以获得满足感、成就感和尊严感，劳动成了人类文明中最美好、最崇高的存在。我们常说劳动创造美，没有劳动，衣、食、住、行都将成为泡影，我们的精神生活也会变得贫乏，只有尊重劳动并崇尚劳动，才能通过劳动创造物质和精神上的美好生活。

无论时代条件如何变化，我们始终要崇尚劳动、尊重劳动者，始终重视发挥工人阶级和广大劳动群众的主力军作用。劳动是财富的源泉、幸福的源泉，勤于劳动、善于创造是中华民族最为鲜明的伟大品格。在不懈追求美好生活的辛勤劳动中，中国人民用汗水浇灌梦想，靠实干铸就辉煌，谱写彪炳史册的奋斗诗篇，开辟民族复兴的光明前景。

2. 热爱劳动

热爱劳动，不仅体现在对劳动成果的美好向往，更体现在遇到阻力、挫折时的坚持与热爱。"知之者不如好之者，好之者不如乐之者。"对待劳动，应该抱有积极的态度和足够的热情。通过劳动，劳动者不仅可以体会劳动成果的珍贵，更能感受身心的愉悦和幸福。中华民族是崇尚奋斗、热爱劳动的民族，中华民族的灿烂文化是通过广大劳动者的辛勤劳动获得的，中国梦的实现和美好的未来更应该用中华儿女的劳动热情去迎接。当代大学生应该热爱劳动，勇敢面对劳动过程中的艰难险阻，为国家富强、民族振兴和人民幸福而奋斗。

劳动是人们生存的基本要求，热爱劳动是一种高尚的思想品德。劳动是辛苦的，更是光荣的。我们要摒弃游手好闲、好吃懒做甚至只想不劳而获的错误观念,培养良好的劳动习惯,树立热爱劳动的观念。

3. 辛勤劳动

《国语》有言,"劳则思,思则善心生"。可见,勤劳是中华民族的优良传统。通过辛勤的劳动,中华民族才能屹立于世界民族之林。现如今,我们也依靠辛勤劳动,开创了中国快速发展的新篇章。"一勤天下无难事",弘扬劳动精神,我们不仅要从认知层面肯定辛勤劳动,更要在实际生活工作中做到辛勤劳动,要反对一劳永逸和不劳而获等错误思想,用踏实肯干和聪明才智更好地做到辛勤劳动。

辛勤劳动是劳动实践的基础,人类最基本的生存法则即劳动。只有付出才有回报,只有奋斗才能前行,劳动付出与劳动成果从来都是对等关系。自人类诞生以来,人类的每一个进步都建立在勤勉的劳作之上,上至远古时代原始人打磨的每一件石器工具,下至今天上天入地下海的智能设备,其背后皆是劳动者付出的万般辛劳。

4. 诚实劳动

诚实劳动,在于敬业实干,发乎本心地热爱并踏实地做好自己的本职工作。诚实劳动是每一位劳动者都应该遵循的准则,是需要每一个人传承并发扬光大的中华传统美德。以诚为先、以诚为重、以诚为美是劳动的应有之义。

如今,随着经济的发展,社会文化呈现出了多元化、多样性的特点。面对复杂的社会环境,我们要积极倡导和弘扬辛勤劳动、诚实劳动;反之,功利的、非法的、具有破坏性的行为,我们要坚决予以抵制和反对。因为这种行为不但不会创造价值,反而会妨碍社会的健康、良性发展,损害广大人民群众的切身利益。

三、新时代的劳动精神

传统的劳动精神在内容表达上更强调辛勤劳动的重要性。人们

微课:新时代
的劳动精神

常用"面朝黄土背朝天"来形容农民的辛苦劳作,同时习惯于通过日复一日的体力劳动来展现伟大的劳动精神,如"起早贪黑""晨兴夜寐""披星戴月"等成语中都蕴含着传统文化中人们对体力劳动的赞美。而在新时代,面对生产力高速发展的需求,脑力劳动的重要性与日俱增。新时代劳动精神在继承和发扬中华优秀传统文化以及马克思主义劳动观的基础上,融入了新的时代背景,从劳动态度、劳动品质和劳动思维三方面对广大劳动者提出新要求,具有鲜明的中国特色和时代特色,为我们实现中国梦提供了一笔巨大的精神财富。

1. 艰苦奋斗、不懈坚持的劳动态度

在劳动实践中,劳动态度直接决定了人们的劳动行为。中华民族自古以来就是一个热爱劳动的民族,劳动精神始终流淌在人民的血脉中。"晨兴理荒秽,带月荷锄归"的陶渊明在他悠然自得的隐居生活中依然日出而作,日落而息;"年且九十"的愚公为了使道路通畅,不畏艰难,坚持不懈,展现出艰苦奋斗的劳动态度;神农看到人们得病而尝百草,导致多次中毒,但他不曾害怕,敢于坚持,靠亲身实践,得出真知。这些故事都体现着不畏艰险、艰苦奋斗的劳动态度。在新时代的背景下,我们要汲取中华优秀传统文化中的丰富营养,形成艰苦奋斗、不懈坚持的劳动态度。习近平总书记指出:"优秀传统文化是一个国家、一个民族传承和发展的根本,如果丢掉了,就割断了精神命脉。"广大劳动人民在创造历史悠久、光辉灿烂的中华文明的过程中,展现出了崇尚勤劳、艰苦奋斗、埋头苦干的劳动态度,不断指引着劳动人民建设美好家园。只有经历了艰苦奋斗,才更能珍惜已有的劳动成果。也只有秉持艰苦奋斗、不懈坚持的劳动态度,当代青年才能更好地担负起建设社会主义现代化强国和实现中华民族伟大复兴的重任。

2. 脚踏实地、诚信为本的劳动品质

党的十九大报告提出,要促进社会诚信建设,社会的发展和改革的深化都离不开诚信。诚信作为社会主义核心价值观的重要内容之一，是人们为人处世过程中需要遵循的重要准则。在劳动过程中，也应树立脚踏实地、诚信为本的劳动品质。成功没有捷径，我们要从实际出发，在一步一个脚印中稳步前进。诚信为本的劳动品质，要求我们加强自身道德修养，遵守社会公德、职业道德，养成良好的个人品德，在尊重他人的劳动成果的前提下，通过合法渠道创造劳动成果，做到诚实劳动。全面建设社会主义现代化国家必然离不开和谐稳定的社会主义市场经济秩序，只有每个个体都秉承诚信的准则，才能在社会上形成诚信的劳动风气，为我国的经济发展营造有利的环境。树立脚踏实地、诚信为本的劳动品质，不仅是构建和谐社会的本质要求，也是规范劳动者自身行为的重要内容。

3. 勇于创新、革故鼎新的劳动思维

创新指的是基于已经存在的条件和思维模式，以过去的思想、观念、理论、制度、做法等为突破口，提出新思想、新观念、新理论、新制度，是人类特有的活动（图 2-1）。因此，人是创新活动中的首要因素。创新既有科学与技术上的创新，也有社会治理、思想文化方面的创新。创新可以是开辟一条没人走过的路，完成从无到有的创新；也可以是在前人的基础上进行变革和优化，实现从有到优的创新。当今世界，国际竞争越发激烈，创新作为国家竞争力的核心，已经成为各个国家争相突破的焦点，失去了创新，国家竞争力就成了空中楼阁。在国内，全面深化改革进入了攻坚克难的关键时期，面临着更加艰巨的任务和挑战。针对这种形势，习近平总书记深刻指出："面对日趋激烈的国际竞争，一个国家发展能否抢占先机、赢得主动，越来越取决于国民素质特别是广大劳动者素质。要实施职工素质建设工程，推动建设宏大的知识型、技术型、创新型劳动者大军。"只有不断提高广大劳动者的素质，注重创新人才的培养，才能紧紧把握住时代发展的脉搏，跟上世界发展的潮流大势，为人民创造更为丰富的物质生活和精神生活，不断满足人民群众对美好生活的向往与追求。勇于创新、革故鼎新的劳动

思维的养成,既是以改革创新为核心的时代精神的内在要求,也是劳动者素质提升的迫切需要。

图 2-1
勇于创新

课后思考

习近平总书记强调:"要在学生中弘扬劳动精神,教育引导学生崇尚劳动、尊重劳动,懂得劳动最光荣、劳动最崇高、劳动最伟大、劳动最美丽的道理,长大后能够辛勤劳动、诚实劳动、创造性劳动。""德智体美"之外,为什么还要强调"劳"?动手实践、出力流汗的劳动教育,对一个人的成长意味着什么?当今社会,在一些青少年中出现了不珍惜劳动成果、不想劳动、不会劳动的现象,根源就在于劳动教育被淡化、弱化。事实上,挥洒劳动的汗水,体味劳动的艰辛,才能收获劳动的快乐,也才能真正理解劳动精神的内涵。

你如何认识劳动的重要性?你如何理解劳动精神的内涵?

劳动箴言

最有幸福的,只是勤劳的劳动之后。劳动能给人以完全的幸福,幸福——劳动。

——瞿秋白

案例导入

罗丽萍:立足平凡岗位　演绎美丽人生

罗丽萍,1990 年毕业于昆明冶金高等专科学校电气工程专业,先后在云南冶炼厂和云南云铜锌业股份有限公司工作,现任云铜锌业股份有限公司浸出分厂设备主管。

30 多年来,罗丽萍从电工做起,通过技术创新来优化生产工艺、改善技术运行指标、攻克技术难题、提高生产效率……她始终坚守基层一线,逐步成长为公司不可或缺的专业技术型人才。

"只要安排给罗丽萍的活,无论有多少,无论需要的时间有多长,她都是急生产所需,很少谈问题和困难,而是竭尽全力想办法解决。"领导和同事都不约而同地说道。

浸出分厂为了优化工艺控制,引进了 3 台进口的在线 pH 测量计。由于从未接触过这种新设备,大家都不太愿意啃这块"硬骨头",设备引进之后很快就成了摆设。看到这,罗丽萍那股不服输的劲头上来了,面对满是英文的操作说明书,她抱着英汉词典逐字逐句翻译,连熬几个通宵,逐步掌握了仪表操作方法。

运营转型刚刚推进时,许多人还处在观望和犹豫之中,罗丽萍就主动请缨,承担分厂运营转型具体工作,对相关资料主动自学,设计出了分厂第一张标准作业卡。值得一提的是,2013 年她所指导的 3 个云铜集团"PMO"项目,仅因实现弱酸浸出渣率下降、锌粉单耗下降、铟渣含铟品位提高,全年就为公司创效达 1 100 余万元。

"只要分厂需要,一定当仁不让承担起相应的责任,为生产工区提供优质的技术服务和技术支持。"罗丽萍说。

浸出分厂工艺复杂,每一项指标的小小波动都会对下一个流程造成影响。但现实是分厂的设备陈旧,设备的革新、改造、维护的任务重,设备管理的难度大,但她毫无怨言,和分厂管理人员及技术人员一道组织技术攻关、强化设备维护,为云铜锌业股份有限公司生产稳定、降本增效做出积极的贡献,使浸出分厂在备品备件、维修等方面的费用大幅下降,年节约成本上万元,预算化指标也逐年改善,在云铜锌业股份有限公司每月召开的业绩对话会上都是"绿灯"。这些成绩的背后是一个普通工程师的责任与担当。也许是骨子里有股不服输的劲头,罗丽萍对于工作中的各种疑难杂症从不妥协,哪怕是自己从未接触过的问题,她都敢于尝试和挑战。

2015 年,罗丽萍荣获"全国劳动模范"称号,她所带领的"劳模创新工作室"在分厂生产流程优化、先进设备引进吸收等方面开展了一系列工作,为公司降本增效、产品品质提升做出了巨大的贡献。"干好本职工作是我的本分。"罗丽萍说,"荣誉对我而言是压力,更是激励我不断前行的动力,我依然要在平凡的岗位中脚踏实地干好本职工作,更好地发挥劳模榜样作用,为云铜的发展倾尽自己的全力。"

(来源:中国有色金属报,有删改)

 从罗丽萍坚守基层一线的工作经历中你看到了什么样的劳动价值观?

一、认知正确劳动价值观

1. 劳动不分贵贱

恩格斯说,"劳动创造了人本身"。这句话揭示了劳动在人类历史发展中的重要地位和积极作用。的确,人类的发展史其实就是一部劳动发展史,而承担劳动的角色便是劳动者,正是无数个普通劳动者最

微课:树立正确劳动价值观 争做新时代奋斗者

终推动了整个人类的发展。恰如高尔基的名言——我们世界上最美好的东西，都是由劳动、由人的聪明的手创造出来的。

时至今日，随着时代的发展、科技的进步以及社会分工的细化，劳动的内涵不断被扩充和丰富。体力劳动是劳动，脑力劳动同样是劳动；耕田扫地是劳动，关起门做实验也是劳动；盯着电脑屏幕进行数据分析是劳动，沙场练兵也一样是劳动。劳动并无高低贵贱之分，只有行业分工的差别。每一个劳动者的地位都是平等的，我们应该尊重每一种劳动，感恩每一个劳动者，感谢劳动者用血汗给我们带来更美好的生活。

劳动者是生产力三个基本要素之一，是生产力诸要素中最为活跃和最富有创造性的要素，是人民群众的主体部分，推动着历史的前进，创造了人类世界的物质财富和精神财富。每一个劳动者都是社会历史前进的推动器，也就意味着每一个劳动者都有着自己的历史使命。劳动不分贵贱，任何职业都很光荣、都能出彩。

2. 劳动平凡而伟大

"幸福存在于生活之中，而生活存在于劳动之中。"列夫·托尔斯泰准确阐释了劳动的意义，劳动的价值也随着历史进程而变得愈发厚重。劳动是我们获得幸福生活的源泉，也是古代劳动人民创造历史的砖土。回首每一段熠熠生辉的历史，都是劳动者在推动人类的进步，他们的身影始终倒映在时代发展的前沿。

劳动书写历史、劳动开创未来的鲜明导向是时代不变的内涵。劳动在人类改变世界的过程中起了决定性作用，没有劳动，就没有先进的5G技术，"基建狂魔""高铁一小时生活圈"等成就就是天方夜谭。体力劳动是最简单、最辛苦的事，在科技发展的今天，"智慧工厂""无人生产线"接连实现，劳动被时代赋予了新的含义。未来，越来越少的劳动者需要从事枯燥重复的工作，人的力量将被更多地应用于思考如何创新。我们要倡导开拓进取、不怕辛苦的劳动精神，是它给予了中华民族十足的"精气神"，也实实在在地支撑着每一位辛勤劳动者心中的梦想,把祖国建设得更好、更强。

普通人在劳动中彰显自己的价值,为社会创造财富。劳动伟大、劳动光荣是这些辛勤耕耘者最崇高的勋章,但他们并非以荣誉为目的,而是从心底生出一种历史使命感。正如一句话所说:"把平凡的事做到极致就是不平凡!"

3. 诚实劳动最可贵

诚实劳动是对劳动者品德的客观规定,表明劳动要踏踏实实、求真务实、真抓实干、实事求是。通俗地讲,只有诚实劳动,劳动者才能"实干"。

一个诚实的劳动者,必定于己无愧,于人无损,于国有益。"诚者不自欺",诚实的劳动者从本心出发,尽心竭力做好自己的本职工作,自然心无愧怍,并且往往能赢得他人的尊重和爱戴,最终铸就个体生命的辉煌。在团队劳动中,如果有人不诚实,在劳动中弄虚作假,敷衍了事,那他就会成为团队的一块"短板",其部分工作就会转而成了别人的责任和负担,这种损人利己的事情,拖了社会发展的后腿,影响了社会效率。

"诚实劳动"的本质特征是自觉。诚实的劳动者应自觉做到爱岗敬业,要静得下心、沉得下性,做事力求尽善尽美。

二、树立正确劳动价值观的意义

1. 有利于发扬中华民族优秀传统美德

一直以来,劳动都是人类生存不可或缺的重要部分。马克思说过:"任何一个民族,如果停止劳动,不用说一年,就是几个星期,也要灭亡。"自古以来,我国便崇尚劳动光荣,将勤劳勇敢、艰苦奋斗作为中华民族的传统美德。如大禹治水、愚公移山、精卫填海等著名典故,无不体现我国古代劳动人民意志坚定、不畏艰险、顽强拼搏的劳动精神和奋斗精神。

本着对我国优秀传统美德的继承和发展,中国共产党也一直把劳动教育作为中国特色社会主义教育制度的重要内容,引导广大人民群众勤劳致富,不断迎接更高质量的美好生活。近年来,习近平总书记曾在多种场合谈到劳动的重要性。2018年4月,习近平总书记在给中国劳动关系学院劳模本科班学员的回信中讲到:"劳动最光荣、劳动最崇高、劳动最伟大、劳动最美丽。全社会都应该尊敬劳动模范、弘扬劳模精神,让诚实劳动、勤勉工作蔚然成风。"在2019年春节团拜会上,习近平总书记发表讲话时强调:"用辛勤劳动创造中国人民的美好生活、创造中华民族的美好未来。"我国已经将劳动教育作为治国理政的重要一环。引导青年大学生树立正确劳动观,有利于发扬中华民族的优秀传统美德。

2. 有助于实现中华民族伟大复兴的中国梦

新时代青年大学生作为当今社会最具活力和朝气的群体,是中国特色社会主义事业的可靠接班人和建设者,是我国实现中华民族伟大复兴的中国梦最强大的主力军。大学生必须拥有扎实的学识,正确的世界观、人生观、价值观,拥护中国共产党、拥护中国特色社会主义制度,热爱劳动、热爱人民,才能为我国实现中华民族伟大复兴的中国梦添砖加瓦。

3. 有益于劳动者尤其是青年一代的自我完善

青年一代劳动者是最朝气蓬勃、意气风发、永不言败、不甘落后的群体,是祖国的希望,是国家发展最坚强的后盾。青年的精神面貌在一定程度上代表着国家形象。弘扬正确的劳动观,能够引导青年一代不断完善自我,改正自身缺点,弥补不足,养成良好的劳动习惯,培养优秀的劳动品质,全面提高劳动素质,自觉践行劳动精神,做新时代合格的劳动者。

课后思考

　　打赢新冠肺炎疫情防控阻击战，经济基础、产业基础是重要因素。无论是互联网送餐服务的坚持不懈，还是邮政快递的风雨无阻，靠的不仅是个体担当、企业情怀，更包括产业支撑、国家推动所形成的发展合力。疫情期间，口罩、防护服等紧缺物资之所以快速实现充分供应，居家消费引领的"宅经济"之所以迅速崛起，中国经济产业体系完整、发展韧性足、回旋余地大是根本保障，中国人民勤劳智慧、务实拼搏、开拓创新的民族性格是内在动因。这些也正是中国经受住疫情考验的底气和信心所在。不论是疫情防控还是经济发展，每一个非凡成就，都是由点滴平凡累积而成；美好的生活，总是建立在广大劳动者只争朝夕的奋斗之上。展望未来征程，有机遇更有挑战，一起拼搏、一起奋斗，我们就能拥有更加美好的生活，伟大祖国就能风雨无阻、高歌猛进。

　　结合上述材料，如何理解"美好的生活总是建立在广大劳动者只争朝夕的奋斗之上"？

任务三　　　　　发扬劳动精神

劳动箴言

　　青春啊，永远是美好的，可是真正的青春，只属于这些力争上游的人，永远忘我劳动的人，永远谦虚的人。

——雷锋

付高攀：电火闪闪耀人生

2002年8月至今，付高攀在山东华星工程机械有限公司从事机械制造产品的生产工作，经过20年的磨砺，他从一名普通的焊接工成长为独当一面的技术能手、公司领导，得到了公司和员工们的充分认可和一致好评，连续多年被兰山办事处授予"先进工作者"称号，曾荣获"振兴兰山劳动奖章""兰山区劳动模范"和"振兴沂蒙劳动奖章"等荣誉。

铲斗车间的工作强度大，特别是焊接工，一天的劳动强度超出了普通人的想象。身为车间主任，为了做好员工的思想工作，付高攀始终奋战在一线，及时掌握员工们的身体、思想状况。他始终鼓励焊接工：劳动创造财富，财富都是用汗水换来的。作为车间领导，付高攀始终和员工们站在一起。员工有了诉求，他向来会第一时间解决。

生产过程中，车间人员不足的情况制约了产能，紧急订单让车间措手不及。付高攀认真分析车间人员状况，制定"因人定产、先急后缓、货急加点"的生产计划思路，及时了解情况，不怕麻烦，有效应对，充分地发挥车间员工的潜能和主观能动性，在人员较之前增加30%的情况下，实现了产能翻番，提高了生产效率。

在产品任务重、产品交货期短的情况下，为了提升产能，保证产品的正常生产和配送，付高攀绞尽脑汁、挖潜力、提效率，组织技术能手和骨干，潜心钻研铲斗零部件焊接工艺，极大地提高了产能和产品质量，使953N铲斗焊接实现了从圆盘、主导版到零部件生产一条龙，缩短了焊接工的焊接时间，提高了生产效率。铲斗打磨班被中华人民共和国人力资源和社会保障部和中国机械工业联合会授予了"全国机械工业先进集体"的荣誉称号。

（来源：人民网，有删改）

 通过上述案例，你如何认识付高攀"电火闪闪"的一线人生？

一、锤炼过硬的劳动技能

微课：锤炼过硬技能 争当栋梁之才

1. 崇尚劳动技能

习近平总书记指出，工业强国都是技师技工的大国，我们要有很强的技术工人队伍。作为一个制造业大国，我们的人才基础应该是技术工人。劳动者素质对一个国家、一个民族的发展至关重要。劳动者素质的提高，必然会带来生产力的大幅度提升和生产方式的进一步创新，从而推动经济发展和社会进步。在劳动者群体中，技术工人队伍是支撑中国制造、中国创造的重要基础，在推动经济高质量发展中起到重要作用。因此，大力提升技术劳动者队伍实力，在全社会弘扬精益求精的工匠精神，培育大批高素质技术技能人才是关键，引导广大高职院校大学生崇尚劳动技能，走技能成才、技能报国之路尤为重要。

2. 提升劳动技能

劳动技术技能的提升是劳动教育的重要内容。当今时代，新一轮科技革命和产业变革迅猛发展，以云计算、物联网、大数据、人工智能为代表的新一代信息技术被广泛应用，创新成为引领发展的第一动力。作为高职院校大学生，我们不仅要爱劳动，而且要会劳动、懂技术，努力提升劳动技术技能。提升劳动技术技能的关键在于创新。广大高职院校学生应在实习、实训、实践活动中，增强创新意识，注重创新能力的培养，注重新知识、新技术、新工艺、新方法在学习、生活、工作中的应用，只有这样，才能不断成为祖国需要的"创新创造型人才"。

3. 劳动技能报国

世界技能大赛每两年举办一届，被誉为"世界技能奥林匹克"。在俄罗斯喀山举行的第45届世界技能大赛上，我国选手共获得16金14银5铜和17个优胜奖，位列金牌榜、奖牌榜、团体总分第一名。五星红旗在此次世赛全部56个比赛项目的赛场陆续升起，这是中国首次实现参赛项目全覆盖，是职业院校大学生的骄傲。作为高职院校大学生，我们应该热爱技能、钻研技能、提高技能，坚持德技并修并践行社会主义核心价值观，成为有理想、有本领、有担当的高素质技术技能人才，大力弘扬劳模精神、劳动精神、工匠精神，弘扬劳动光荣、技能宝贵、创造伟大的时代风尚，坚定不移地走技能成才、技能报国之路。

微课：实践促成长　劳动最光荣

二、在实践中发扬劳动精神

1. 自觉投身校园劳动

为引导学生树立正确的劳动观，培养学生崇尚劳动的良好品质，大中小学都要组织开展各项劳动教育实践活动，切实发挥劳动育人功能。新时代大学生应该积极参与劳动教育实践活动，为校园建设尽一份力，通过活动认识到劳动的重要性，让平时停留在口头上的劳动口号变成日常生活中的自觉行为，把"崇尚劳动"转变为"会劳动、爱劳动"，在出力流汗中助力校园建设（图 2-2）。大学生应在劳动中感受劳动魅力，提高自身素质，增强实践能力、独立生活能力，促进自身的全面发展。

图 2-2
参加校园劳动
助力校园建设

2. 积极参与志愿服务

"奉献、友爱、互助、进步"是志愿者共同的追求,"助人自助,乐人乐己"是志愿者共同的情怀。新时代的大学生应在志愿服务的旗帜下汇聚、集结,争当志愿服务精神的倡导者、弘扬者、践行者,将志愿服务精神自觉升华为一种生活新常态、时代新风尚,在志愿服务的过程中收获光荣之感、快乐之情(图2-3)。我们要把志愿服务作为培育和践行社会主义核心价值观的重要平台和载体,积极投身其中,用双手塑造美好,用智慧服务社会,用行动传播爱心,营造传递友爱、共襄善举、守望相助的社会风气,使社会主义核心价值观在潜移默化、润物无声中浸润群众心底,融入日常生活。通过志愿服务,发扬劳动精神,树立正确的劳动价值观。

图2-3
积极参加志愿服务

3. 认真完成实习实训

实习实训是一次促进学生成长的机会,也是一次自我展示的机会,既能够磨炼学生的意志,也能够增长学生的才干,还能够引导学生自觉践行新时代劳动精神。学校应努力为在校生提供多渠道的实习实训机会,帮助大学生能够在在校期间深入企业、单位、学校参加实践锻炼,提高业务能力,积累工作经验,鼓励大学生争做时代新人。新时代的高职院校大学生应该珍惜每一次实习实训的机会,全身心地投入其中。在条件允许的情况下多参与各种实习实训,展示新时代大学生良好的精神风貌,把发扬劳动精神真正落到实处。

三、珍惜劳动成果

1. 光盘行动　从我做起

"一粥一饭,当思来处不易;半丝半缕,恒念物力维艰。""光盘"不是一句口号,而是厉行节约、反对浪费的生活态度,"光盘"是节约、是公益、是习惯,是尊重劳动、尊重劳动人民、珍惜劳动成果的具体表现(图2-4)。生活中,大学生要做到爱惜粮食,并带动身边同学齐心协力,做勤俭节约风尚的传播者、实践者和示范者,用实际行动参与到"光盘行动"中来,从我做起、从点滴小事做起、从现在做起,与文明携手、向陋习告别,争做倡导文明新风、反对铺张浪费的践行者、传播者和监督者,为建设文明幸福美丽家园、推进节约型社会建设做出积极贡献。

图 2-4
节约光荣

2. 爱护卫生　人人有责

不论严寒酷暑,环卫工人都辛辛苦苦地把大街打扫得干干净净,有的人却旁若无人、熟视无睹,把垃圾随心所欲地丢在大街上。环境卫生事关每一个人的健康幸福,一个和谐、文明、洁净、优美的人居环境,不能单靠各部门"管",也不能仅靠清洁工人"扫",而是需要每一个人自觉行动,做美好环境的缔造者、美丽家园的建造者、文明城市的创造者。勿以善小而不为,勿以恶小而为之。新时代大学生要自觉做到爱护环境卫生,从我做起,不能将环保挂在嘴上,而要落到实处,真正认识到讲究卫生的重要性,明白"爱护环境卫生,人人有责"的道理,坚决不随处乱丢、乱扔、乱贴、乱画、乱停、乱靠,从小事做起,爱护环境、讲究卫生,用实际行动影响身边的每一个人,让环境更整洁、风景更靓丽,用实际行动尊重劳动人民,珍惜劳动成果。

3. 文明消费　杜绝攀比

每逢"双十一",不见硝烟的电商营销大战、眼花缭乱的特惠商品,总让人陷入非理性消费的购物热潮中。但是,我们当真有如此旺盛的消费需求吗?在物质极大丰富、个人财富不断积累的今天,追求生活品质的提升无可厚非,但我们更需要树立健康的消费观,用文明消费的观念引导自身的消费行为,做到可持续性消费,反对铺张浪费,充分挖掘商品的使用价值,做到"物尽其用"。大学生更应做到量入为出,杜绝攀比消费、炫耀性消费、奢侈消费、过度消费(图2-5),以文明、理性消费的方式尊重劳动者、珍惜劳动成果。

图 2-5
过度消费

4. 节约资源　落实落细

节约是一种美德、一种涵养，是珍惜劳动成果的自觉行为。文明其实很简单，就是从点滴小事做起。在学校和生活中，我们往往在不经意间造成了诸多浪费，如许多纸张只是写了几个字就扔进垃圾桶，宿舍在白天无人时亮着灯，卫生间水龙头哗哗流水等。有的同学在家里能做到随手关灯、关水，在学校里却忽视了这些细节，关键在于没有把自己当成学校的主人，没有养成一种节约的习惯。许多资源是不可再生的，资源的开发转化也需要劳动者付出辛勤的劳动，崇尚劳动、尊重劳动、尊重劳动者就应该从身边的小事做起，节约每一张纸、每一滴水、每一度电、每一粒粮食，在生活的细节里落实落细节约资源的美德。

📋 课后思考

为了贯彻落实全国教育大会精神，坚持立德树人根本任务，大力弘扬劳动精神，教育引导学生崇尚劳动、尊重劳动，懂得劳动最光荣、劳动最崇高、劳动最伟大、劳动最美丽的道理，新学期伊始，兰州资源环境职业技术学院信息工程系将劳动教育列入学生全面发展的素质要求，向全系各班级制定发布了《信息工程系学生劳动教育工作方案》，并在全系范围内组织开展学生劳动教育实践活动。每位同学要按要求参加宿舍、教室、实训室、校园卫生区域、田径场、篮球场等区域的卫生清扫和公益性专项劳动，每周一次，并通过制度固定下来，长期坚持，以一定权重计入学生的劳动课成绩。

📝 请想一想，在校园生活中，你可以做哪些事来培养自己的劳动习惯？你将如何发扬劳动精神？

 **拓展阅读**

《习近平的七年知青岁月》（作者：中央党校采访实录编辑室）

  《习近平的七年知青岁月》是由 29 名采访对象的口述汇集起来的一本采访实录，其中既有曾经同习近平总书记一起插队的北京知青，又有同他朝夕相处的当地村民，还有当年同他相知相交的各方面人士。这些受访者通过自己的亲身经历，用真实的历史细节讲述了习近平总书记当年"苦其心志、劳其筋骨、饿其体肤、空乏其身"的历练故事，再现了习近平总书记知青时期的艰苦生活和成长历程。这部书，是当代青年树立正确人生观、励志成才的鲜活教材，是党员干部锤炼党性、提升素质的生动范本，也是国际社会全面深入了解中国共产党领导人的珍贵历史资料。

模块三

培育工匠精神　争做大国工匠

知识导航

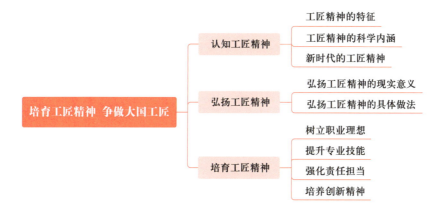

劳动箴言

实体经济是我国经济的重要支撑,做强实体经济需要大量技能型人才,需要大力弘扬工匠精神,发展职业教育前景广阔、大有可为。

——习近平

案例导入

高凤林：工匠精神的核心是精益求精、追求极致

2018年10月15日，国新办举行产业工人优秀代表与中外记者见面会，5位产业工人优秀代表围绕"做大国工匠，争当知识型、技能型、创新型劳动者"与中外记者交流。中国航天科技集团有限公司第一研究院首都航天机械有限公司特种熔融焊接工高凤林在回答记者提问时表示，工匠不能少了人的因素，所以"工"和"匠"是不能拆开的，顶天立地是为"工"，利器入门是为"匠"，其中"斤"代表工具的刃，在这里面又代表工具、科学方法、一切创新的模式。"工欲其器，匠入其门"，要想做好这个产品，必须琢磨透做好这个产品的门道，一切科技创造的发生都在这个门道里面。

在焊接火箭微小部件时，由于火箭对于外部机体材料要求是尽量轻薄，高凤林的作业对象通常是只有一两厘米厚的材料或是指头那么大的小部件，手略微抖一下或者眨一下眼都会导致焊接失败。为了焊接时手法稳当，高凤林在入行初期曾练习平举沙袋，几公斤的沙袋一手一个，平举一两个小时，就是为了增强手腕和手臂的力量，防止焊接时出现手抖的现象。

高凤林认为，工匠精神主要包括三个方面：

第一，思想层面的爱岗敬业、无私奉献。没有对岗位的热爱，没有倾情的投入，没有一种无私奉献、忘我的精神状态，原动力就不会产生。

第二，行为方面的持续专注、开拓进取。劳动者需要持续地前进，持续地进步，持续地在真理中驰骋，要以一种不断创新的姿态去审视每天的工作，在实践中持续专注、开拓进取。

第三，工匠精神的核心就是精益求精、追求极致。以目标和结果为导向，以最大的能力、能量投入到产品制造过程中。

高凤林说：每个人岗位不同，作用不同，仅此而已，只要心中装着国家，什么岗位都光荣。

（来源：中工网，有删改）

 读完高凤林的故事与观点，你对工匠精神有了怎样的认识？

一、工匠精神的特征

微课：工匠精神的特征与科学内涵

《现代汉语词典》对工匠的解释是"手艺工人"。因此，传统意义上的工匠可理解为"手艺人"，即具有专门技艺特长的手工业劳动者，如木匠、铁匠、铜匠、建筑泥瓦匠等（图3-1）。进入现代工业社会，伴随手工艺向机械制造以及智能制造转化，工匠以新的面貌出现了，即现代工业领域里的新型工匠——机械技术工匠和智能技术工匠。

图 3-1
中国古代的能工巧匠

我国历史上有过鲁班、李春、李冰、沈括这样的工匠大师，还有遍及各个领域里，像庖丁那样手艺出神入化的普通劳动者。千百年来，工匠的劳动实践及其劳动成果惠及人类生活的各个方面，同时，在长期实践过程中，在精神文明层面沉淀、形成了以工匠文化为核心的工匠精神，它包含以下两个方面。

第一，高超的技艺。高超的技艺是指劳动者要具备所从事职业的专业知识和能力，没有过硬的专业知识，没有高超的技艺，就无法把产品做好，更不可能成为某一领域的卓越工匠，工匠精神追求的卓越品质是建立在精湛技术之上的。高超的技艺是工匠精神的物质载体，是工匠精神的前提条件。

第二，良好的职业品德。工匠精神是一种职业精神，体现着工匠的职业道德、职业能力、职业品质，是从业者在工作中表现出来的一种行为表现和价值取向。具备工匠精神的大国工匠坚守质量品质,把产品的好坏看成自己人格和荣誉的象征,用一生把一件事情做到极致,始终追求卓越。良好的职业品德是工匠精神的关键和灵魂。

二、工匠精神的科学内涵

习近平总书记在 2020 年全国劳动模范和先进工作者表彰大会上的讲话中指出,在长期实践中,我们培育形成了执着专注、精益求精、一丝不苟、追求卓越的工匠精神。习近平总书记的讲话对我们全面理解、深刻把握工匠精神的内涵及特征提供了根本遵循。

1. 执着专注

执着专注是工匠精神在操作过程层面的内涵。执着指追求不舍,专注指专心注意、全神贯注。执着专注是工匠内心笃定而着眼于目标的耐心、执着、坚持的精神,是专注、专心、专一,是精益求精、追求卓越的力量之源。一辈子只干一件事,专注才能专业,专于其中,方可成为行业的顶尖人才——屠呦呦为研究青蒿素帮助人类抗击疟疾,半个多世纪矢志不移;袁隆平和杂交稻打交道,一辈子躬身田间地头;华为总裁任正非在公司最困难的时候也不搞副业,一直坚定不移专注通信领域……他们凭着精湛的技艺和坚韧的毅力,为国家担当,为自己的事业圆梦,以一辈子的长度,专心致志做好一件事,心无旁骛地朝自己的人生理想前进,最终取得了巨大的成功。

2. 精益求精

精益求精是工匠精神在品质细节层面的内涵,也是其核心内涵。"精益求精"是对产品品质从 99% 提高到 99.9% 的坚持和追求,是质量上的完美、技术上的极致。几千年来,不论是我国古代工匠打造的精美陶瓷、玉器,还是现代工人制造出的高铁列车、飞机,都体现了中国工匠对品质、细节的完美追求。工匠从细处见大,在细节上没有终点,只有对每件产品、每个环节、每道工序都精雕细琢,形成精益求精、追求极致的职业品质,打造的产品品质才能不断提升。2015年,中央电视台播出的《大国工匠》纪录片,讲述了24位大国工匠的动人故事,他们的共同点就是对产品品质和细节的极致追求。例如,彭祥华能够把装填爆破药量的误差控制在远远小于规定的最小误差之内;胡双钱作为中国大飞机项目的技师,仅凭他的双手和传统铁钻床就可生产出0.24毫米的高精度零部件;等等。

3. 一丝不苟

一丝不苟是工匠精神在职业态度层面的内涵。一丝不苟形容做事十分认真、细致,一点儿也不马虎。一丝不苟是工匠的一种自我要求,是工匠对待工作的工作作风和行为习惯。具体表现为在工作中始终严格遵守工作规范和品质标准,踏踏实实做事,一板一眼工作,不投机取巧,不寻求捷径,始终在精、细、实上下功夫,把每个操作要求和工作步骤都落实到位,不放过任何一个细节,确保操作结果符合甚至高于标准,不敷衍了事。中国商飞大飞机制造首席钳工胡双钱,在35年里加工过数十万个飞机零件,没有出现过一个次品,靠的就是他对待工作一丝不苟的精神。

4. 追求卓越

追求卓越是工匠精神在价值理念层面的内涵。追求卓越是一种理想信念,是理想上的远大、信念上的高远,是对"追求品质"的升华,是个人价值的实现。工匠总是有着浓厚的家国情怀,他们在平凡的岗位上,在日复一日的工作中,将"我的梦"与"中国梦"有机融合,努力提高自身素质,用技能报国的理想追求成就自己的工匠人生。

三、新时代的工匠精神

习近平总书记在党的十九大报告中指出:"中国特色社会主义进

微课:新时代
的工匠精神

入了新时代,这是我国发展新的历史方位。"工匠精神的内涵兼具历史性和时代性特征,是一个动态发展的概念,新时代背景下,工匠精神的内在意蕴必然要因时而新、与时俱进。因此,在传承工匠精神内涵的基础上,对新时代工匠精神进行创新性发展,丰富其时代意蕴显得尤为重要。

1. 工匠精神的承载主体转变

传统工匠主要指的是手工劳动的工匠,传统工匠精神的承载主体特指有一技之长的匠人群体。随着时代变迁,工匠精神不应该只是技术工人的特殊指向,而应该成为凝结在各行各业劳动者身上的普遍追求。新时代,一切参与中国特色社会主义事业建设的劳动者都应该成为工匠精神的传承者、践行者。工匠精神的内涵应该成为新时代每位劳动者安身立命的根本,以工匠精神推动整个社会全面进步,才能更好地完成时代赋予工匠精神的历史使命。

2. 工匠精神的价值追求提高

工匠精神所蕴含的精益求精、一丝不苟、执着专注、追求卓越的内涵,在新时代依然具有重要的时代价值。精神引领技术进步,传承工匠精神不是要回到手工业时代,而是要传承其中的价值取向。现代工匠精神的价值追求应该在传统工匠精神的基础上有所提高,更应凸显工匠精神中蕴含的人文精神。

3. 工匠精神的创新要求凸显

制造业是立国之本、兴国之器、强国之基,而创新是经济和社会发展的重要驱动力。强化创新能力有利于实现传统产业转型升级,实现经济高质量发展,有利于企业提高竞争力,更好契合新时代个性化和定制化的消费需求。在实现高质量增长的关键时期,创新应成为新时代工匠精神最重要的精神资源。每个劳动者都应该有开拓创新的意识,勇于突破常规,提高自主创新能力,为实现中华民族伟大复兴贡献力量。

课后思考

党的十八大以来,习近平总书记关于工匠精神提出了一系列重要论述,特别是在 2020 年全国劳动模范和先进工作者表彰大会上的讲话,为我们进一步深化对工匠精神科学内涵的认识提供了根本遵循,对于大力弘扬、培育工匠精神,建设一支重知识、善技能、创新型的技术技能人才队伍,具有重大意义。

请你谈谈对新时代工匠精神科学内涵的理解。

任务二 弘扬工匠精神

劳动箴言

各级党委和政府要高度重视技能人才工作,大力弘扬劳模精神、劳动精神、工匠精神,激励更多劳动者特别是青年一代走技能成才、技能报国之路。

——习近平

案例导入

杭州设立全国首个"工匠日"

为了深入贯彻党的十九大精神、践行习近平总书记重要指示,2019 年 4 月 3 日,经杭州市第十三届人民代表大会常务委员会第十八次会议审议决定,自 2019 年起,杭州将每年的 9 月 26 日设为"工匠日"(图 3-2),这也是全国首个"工匠日"。同时宣布,接下来将连续十年,每年认定一次"杭州工匠"。

图 3-2
"926 工匠日"

　　设立"工匠日"传承工匠精神,杭州并不是"突发奇想","杭州工匠"早已是一块"金字招牌"。2016 年,杭州市总工会就联合市委组织部、市委宣传部等 10 多个相关部门开展"杭州工匠"认定工作,并于 2017 年、2018 年连续两年共认定了"杭州工匠"60 名。在 2019 年 1 月举行的杭州市委十二届六次全会上就曾明确提出"深化'杭州工匠'行动计划,完善高技能人才培养资助、评价、奖励、落户等政策,营造劳动光荣的社会风尚和精益求精的敬业风气,打响'名城工匠'品牌"。同月举行的杭州市十三届人大四次会议上,设立"工匠日"再次成为代表讨论热点,11 名代表联名提议将 9 月 26 日设为"工匠日"。

　　为了庆祝全国首个"工匠日",杭州市举办了"926 工匠日"暨长三角工匠论坛,认定发布第三届"杭州工匠"、杭州城市大脑数字尖兵技能比武、"杭州工匠"两周年特别节目、"杭州工匠"作品展示会、首届杭州职工文化节闭幕式等一系列活动,在全社会营造学习工匠、尊重工匠、争当工匠的良好氛围,让追求卓越、崇尚质量成为全社会全民族的价值导向和时代精神。《人民日报》先后报道《全国首个"工匠日"在杭设立》《杭州设立首个"工匠日",用敬业精神擦亮中国制造》,《人民日报内参》对杭州设立"工匠日"的做法进行总结。中央电视台三次报道全国首个"926 工匠日"系列活动。《工人日报》《浙江日报》《杭州日报》、新华社客户端、腾讯网等都对杭州设立全国首个"工匠日"及"工匠日"活动做了报道。

　　目前,杭州正加快培育、认定一批既懂制造业、又懂数字经济的复合型高技能人才,吸引着大批有梦想、有创新、有钻研精神的优秀工匠来杭就业和创业。杭州工匠、杭州锅炉集团股份有限公司高级技师葛小青说:"设立'工匠日',对技术工人提升职业获得感和幸福感起到了关键性的作用,也能更好地稳定技术工人的队伍。我要在自己的行业岗位大力弘扬工匠精神,使其感染到每个工厂车间、每位技术工人。"

(来源:人民网,有删改)

 请想一想,杭州设立全国首个"工匠日"的目的是什么?

一、弘扬工匠精神的现实意义

微课:弘扬工匠精神的意义和路径

党的十八大以来,习近平总书记围绕"培养社会主义建设者和接班人"作出一系列重要论述,深刻回答了"培养什么人、怎样培养人、为谁培养人"这一根本性问题。高职院校培养高素质技术技能人才,应大力弘扬工匠精神,既要培养学生掌握过硬的专业技能,也要培养学生形成良好的精神品质。大力弘扬工匠精神有利于大学生形成正确的世界观、人生观、价值观,是国家实现高质量发展的需要,是高职院校促进自身发展的需要,也是个人提升自身竞争力的需要。

1. 国家实现高质量发展的需要

党的十九大报告提出,要弘扬劳模精神和工匠精神,营造劳动光荣的社会风尚和精益求精的敬业风气,再次阐明崇尚劳动、尊重劳动的价值理念。现实情况是,我国技能人才的素质、规模、结构仍难以满足经济社会向更高水平发展的需要,要实现产业向中高端迈进,迫切需要建设知识型、技能型、创新型劳动者大军(图3-3)。因此,要开展好劳动教育,培育劳动情怀、弘扬工匠精神,全面提升人才培养质量,才能为新时代中国特色社会主义事业培养更多合格的建设者,更好地满足服务国家战略、服务区域发展的需要。

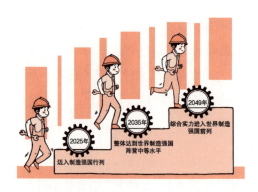

图 3-3
制造强国"三
步走"战略

2. 高职院校促进自身发展的需要

随着国家和社会的发展、产业的升级、结构的优化，中国需要大批的高素质技术技能人才、创新型人才，社会呼唤着大国工匠的产生。高素质技术技能人才不仅要有卓越的专业技能，也要有高尚的价值理念和精神修养。因此，高职院校要真正培养出能适应国家发展需要的高素质技术技能人才，就要加强对学生工匠精神的培育，让高质量的毕业生成为学校的招牌和代言人，促进高职院校实现跨越式发展。

3. 个人提升自身竞争力的需要

新时代工匠精神的培育要同个人的幸福、价值、尊严、发展有机统一起来。爱因斯坦说过："用专业知识教育人是不够的。通过专业教育，他可以成为一种有用的机器，但是不能成为一个和谐发展的人。"当今社会，部分劳动者缺乏主动学习、主动探索、勇于创新的精神，遇到困难时，缺乏解决困难的决心、信心及毅力。弘扬工匠精神，能够帮助劳动者树立正确的人生信仰和目标，从而提高自身竞争力，实现自身价值，促进个人未来职业道路的发展。

二、弘扬工匠精神的具体做法

无论是传统制造还是智能制造，无论是工业经济还是数字经济，工匠始终是中国制造业的重要力量，工匠精神始终是创新创业的重要精神源泉。中国制造、中国创造、中国智造需要更多高素质技术技能人才和大国工匠,我们要激励更多劳动者特别是青年大学生,走技能成才、技能报国之路,更要大力弘扬工匠精神,造就一支有理想守信念、懂技术会创新、敢担当讲奉献的庞大产业工人队伍,为经济社会发展注入充沛动力。

1. 在劳动和职业技能竞赛中弘扬工匠精神

毛泽东指出,"提高劳动热忱,发展生产竞赛,奖励生产战线上的成绩昭著者,是提高生产的重要方法"。劳动和职业技能竞赛是提升劳动者职业素质、推动企业生产进步、促进社会经济发展的重要途径,是提高劳动者技能学习积极性、主动性、创造性的重要载体,是弘扬工匠精神、培育大国工匠、营造良好氛围的重要手段。因此,要将弘扬工匠精神同开展劳动和技能竞赛紧密结合起来,通过弘扬工匠精神,推动竞赛的蓬勃发展,把广大劳动者广泛吸引到竞赛中来,在关键领域、核心技术上大胆突破创新,为加快攻克重要领域"卡脖子"技术、提高产业链供应链稳定性和现代化水平献计出力。如昆明冶金高等专科学校每年常态化开展"技能文化月"活动,以技能大赛、课外学术科技作品大赛等赛事活动为抓手,不断夯实以"技能 + 双创能力培养"为导向的技能文化育人平台,弘扬"劳动光荣、技能宝贵、创造伟大"的时代风尚,推动"大众创业,万众创新",大力提倡工匠精神,努力培养高素质技术技能人才。

2. 将弘扬工匠精神与提高劳动者素质相结合

习近平总书记强调,要激励更多劳动者特别是青年一代走技能成才、技能报国之路,培养更多高技能人才和大国工匠。提高劳动者素质,是弘扬工匠精神的应有之义。工匠精神强调精益求精、追求卓越,要求劳动者在既有成绩的基础上始终严格要求自己,不断提升技艺、产品、质量,进而达到超凡出众水平,这是品质层面的要求,是工匠精神的核心,这也对劳动者素质提出了更高的要求。要将弘扬工匠精神与提升劳动者素质紧密结合起来,把提高劳动者队伍整体素质作为一项战略任务抓紧抓好,引导广大劳动者树立终身学习的理念,学习新知识、掌握新技能、增长新本领,为实施制造强国战略提供强大的人才支撑和智力保证。

3. 在新征程中不断拓展工匠精神

在全面建设社会主义现代化国家新征程上,要弘扬和践行、丰富和发展工匠精神,激励广大劳动者进一步焕发劳动热情,争做新时代的奋斗者。

进入新发展阶段,人民群众对美好生活的需要日益增长,这要求劳动者不仅要具备不断创新、精益求精的意识,还要对产品有更高品质的追求。在经济增长动力上,由依靠要素驱动转向依靠创新驱动,这要求劳动者必须提高创新能力,才能加快解决关键领域"卡脖子"问题等。《中华人民共和国国民经济和社会发展第十四个五年规划和2035年远景目标纲要》提出,要坚持创新在我国现代化建设全局中的核心地位,这对工匠人才提出了新的更高要求。体现在工匠精神的内涵上,就是更侧重强调增强创新意识、提高创新能力;体现在工匠精神的实践上,就是更加追求精益求精和出类拔萃。工匠精神代表着中华民族独特的精神标识,彰显着广大劳动人民的光荣传统和优良作风,赓续着我们国家和民族的精神追求,始终是激励广大劳动者拼搏奋斗、不断前行的强大内驱力。

📋 课后思考

党的十九大明确提出,要"建设知识型、技能型、创新型劳动者大军,弘扬劳模精神和工匠精神,营造劳动光荣的社会风尚和精益求精的敬业风气"。大力弘扬工匠精神,有利于激励广大青年走技能成才、技能报国之路,加快建设知识型、技能型、创新型劳动者大军,为全面建设社会主义现代化国家提供有力人才支撑。

 作为新时代的大学生,谈谈弘扬工匠精神对你的意义。

劳动箴言

培养更多高技能人才和大国工匠,为全面建设社会主义现代化国家提供有力人才保障。

——习近平

案例导入

邹峰:匠心付出 雕琢航天的中国精度

湖北三江航天红林探控有限公司的数控机床车间内,身穿蓝色制服的邹峰正熟练地操作一台机床,机床上,一个个活件正按照他编好的程序,有规律地旋转打磨。很快,一个个零件在他的精心打磨下就成型了。在大家眼中不苟言笑的邹峰,与冰冷的机器却有着"说不完的话"。

在一张普通纸张厚度的钛合金材料上"盲加工",零件精度达到 0.001 mm,不及头发丝直径的 1/10。这就是大国工匠邹峰的惊人成绩。探索太空,"克克"计较,失之毫厘,谬以千里。中国在探索宇宙的过程中走出了一条自主创新的腾飞路,创造了航天领域的中国精度。在这成绩的背后,承载着许多"邹峰"们的匠心付出。

邹峰钻研数控机床已经有 30 余年,他所在的数控车间主要负责火箭点火启动时候的安全机构。安全机构的结构复杂度和加工精度是国内外公认的加工难题:壁薄、多型腔,精度在 0.001 mm 级别、同轴度在 0.003 mm 以内,均不及头发丝直径的 1/10。尤其是安全机构上深盲孔的内腔加工,几乎是"盲雕"。对于爱钻研的邹峰来说,这是一次"有趣"的挑战。邹峰很快进入了"疯魔"状态,走路、吃饭、上厕所,甚至连睡觉的时候,都成了他的思考时间。自行设计刀具、优化工艺方案、修改数控程序、自制深镗刀具⋯⋯最后采用"三把刀接力法",邹峰将深孔加工的难题拿了下来,所有精度公差均达到 0.001 mm！这一绝活也让邹峰成为该零件的首席加工者,也让他被誉为导弹的"护心使者"。

"我眼中的工匠精神有两方面,一是对产品的精益求精、精雕细琢;二是一种责任心,从小的方面来说是是否满足生产的需要,大的来说是能否满足航天事业的需要。"说到此,邹师傅的眼神中充满着坚定。

许多人都叫他"大师",他更愿意称自己是"普通人"。用他自己的话说,与别人相比,他唯一值得骄傲的,是能够亲手为国之重器打造最强"心脏",这是一件充满成就感和幸福的事。

（来源：人民网,有删改）

邹峰被誉为导弹的"护心使者",靠的是什么？

一、树立职业理想

微课：树立职业理想 提升专业技能

"三百六十行,行行出状元。"每个人无论做什么工作、身处何种岗位,都应该有追求卓越的理念。要想培养工匠精神,我们首先就应该树立成为"大国工匠"的职业理想,在打造更多享誉世界的"中国品牌"的过程中,成就自己的精彩人生。纪录片《我在故宫修文物》播出后,越来越多的大学生选择文物修复专业,成了新一代的文物修复者,他们与上一代文物修复者们一起延续着传统师徒"传帮带"的模式,秉承着精雕细琢、精益求精的工匠精神,将文物修复的手艺薪火相传,为新时代的工匠队伍注入了一股新鲜的血液,他们的选择也为大学生就业打开了另一扇窗。

树立职业理想要求我们秉持一种非功利的心态。目前,大学生就业存在就业观念滞后、职业理想与社会现实存在矛盾、创业认识不足和创业能力低等问题,这些问题导致大学生就业面临较大难度和压力。工匠精神可以引导大学生抛开世俗的名利观,实事求是、脚踏实地。部分大学生沉醉在"快"节奏中追名逐利,殊不知,只有经由时间的打磨，璞玉才能成器。工匠精神就是帮助我们"慢"下来，以专注与执着的态度对待自己的工作。精益求精方能成就卓越，锲而不舍才能实现自己的职业理想。

二、提升专业技能

《中国制造2025》明确提出"加快培养制造业发展急需的专业技术人才、经营管理人才、技能人才"。《制造业人才发展指南》提出"加快培育大批具有专业技能与工匠精神的高素质劳动者，助力中国制造2025"。在中国制造业转型升级背景下，要加快培养战略性新兴产业、高端制造业、现代服务业等产业所需的高素质技术技能人才，才能适应产业结构的需要，适应经济社会和供给侧结构性改革的需求，服务好国家战略，为推动中国由工业大国迈向工业强国提供动力。

大国工匠不仅要有远大的职业理想，也要有扎实的专业知识和技能作支撑。工匠精神的养成依赖于专业知识的掌握程度，作为当代大学生，特别是职业院校学生，要在日常学习中不断加强专业知识的学习，在实习实训中努力提升自身的专业能力。

三、强化责任担当

责任担当凸显工匠品质。"共产党培养我们，是希望我们为国家做贡献。我们都是学技术的，如果我们国家工业、科技没有好的发展，我们会愧对党，愧对政府，愧对我们的先辈，也对不起我们自己！"国家空气动力机专家组成员欧阳述凡说道。

工匠的责任担当与爱国主义、家国情怀是统一的，他们始终把自身的前途命运同国家和民族的前途命运紧紧联系在一起，围绕实现国家富强、民族振兴、人民幸福而工作，努力为实现中华民族伟大复兴贡

微课：立潮争先 奋发有为

献才智和汗水。对于青年大学生而言,工匠精神意味着对自己所学专业或将来从事的职业的热爱、坚守和奉献,也体现了对人民、对社会高度负责的态度。新时代的青年大学生,正处于拔节孕穗期,要厚植爱国主义情怀,践行工匠精神,把爱国情、强国志、报国行自觉融入青春梦、中国梦之中。

四、培养创新精神

创新是一个民族进步的灵魂,是一个国家兴旺发达的不竭动力。现代机械制造尤其是现代智能制造,对劳动者的技术技能提出了越来越高的要求。同时,随着社会的发展和科技的进步,一些技能可能会被机器所取代,但人的创新精神是无法被机器复制和取代的。只有拥有创新精神的劳动者才能创造出更好的产品,才能够不被社会淘汰。因此,劳动者不仅要掌握高超的技艺,而且要培养自身的创新意识和创新能力。

工匠精神的培育,是一项复杂的社会系统工程,不仅要靠个人努力,也需要政府、企业、学校等各方共同发力,既要改善社会文化环境,又要完善制度体系,齐心协力培育工匠精神、打造"中国品牌"。其中,政府要发挥统筹和主导作用,营造良好的社会氛围。要通过加强宣传,引导全社会深刻认识培育和弘扬工匠精神的重要意义,尊重一线员工和专业技术人员的劳动,形成推崇工匠精神的良好社会氛围。2015 年,国务院批准将每年 5 月第二周设立为"职业教育活动周",2019 年,杭州设立全国首个"工匠日",这些举措的目的就是要在全社会弘扬"劳动光荣、技能宝贵、创造伟大"的时代风尚。另外,企业要树立以"工匠精神"为核心的企业文化,将工匠文化作为企业文化建设的重要内容,激发员工精研生产技艺、不断创新创造的积极性。同时,学校要加强校企合作,深化产教融合,积极探索学校教育和企业实践之间的协同作用,建立长效机制,将在校学习和在企实习有机结合起来,努力提升学生的职业素养。

课后思考

  我国制造业正处于转型升级的关键阶段,制造业已不仅是国民经济的主体,更是科技创新的主战场。要实现从"制造大国"变为"制造强国"、从"中国制造"转向"中国智造",拥有一大批具备工匠精神的高素质人才至关重要。工匠精神是职业教育的灵魂,每一名职业院校学生都应努力成为工匠精神的研究者、宣传者和践行者。青年大学生要践行社会主义核心价值观,全面提升自身素质,为新时代中国特色社会主义事业贡献自己的力量。

  作为一名职业院校学生,你想要成为一名工匠吗?你打算怎么做?

拓展阅读

《我在故宫修文物》(作者:萧寒)

  《我在故宫修文物》第一次将镜头对准了故宫的文物修复师们,他们已经存在了几百年,却始终不为人知。本书以口述的形式撰写了12位文物修复师对历史、对人生的回顾和感悟,同时,本书也是故宫几百年文物修复历史的缩影。在时代的背景下,一群身怀绝技、妙手回春的文物修复师,默默地固守"冷宫"一隅,日复一日地打理着价值连城的"国宝"。他们是故宫里的钟表匠、青铜匠、摹画工、木器工、漆器工……宫墙外的世界斗转星移,宫墙内的他们却要用几年的时间摩挲同一件文物。一座宫廷钟表上千个零件要严丝合缝、一件碎成100多片的青铜器要拼接完整、一幅画的临摹耗时几年到几十年……他们用自己的一辈子来诠释"因为热爱所以坚持""择一事,终一生"的坚定信仰。

模块四

做新时代合格的劳动者

知识导航

做新时代合格的劳动者
- 做新时代有理想的劳动者
  - 辨析内在联系　传承精神力量
  - 理想指明方向　树立远大目标
  - 劳动开创未来　奋斗成就梦想
- 做新时代有本领的劳动者
  - 踏实求真问学　苦练过硬本领
  - 培养创新精神　争做时代新人
  - 厚植工匠精神　实现技能报国
- 做新时代有担当的劳动者
  - 培养担当精神　恪守职业使命
  - 找准职业锚点　适应时代需求
  - 筑强法律意识　维护自身权益

任务一　做新时代有理想的劳动者

劳动箴言

　　青年兴则国家兴，青年强则国家强。青年一代有理想、有本领、有担当，国家就有前途，民族就有希望。

——习近平

案例导入

蔡君杰:劳动智慧传承工匠精神

蔡君杰是北方重工集团有限公司结构件分厂的一名车间主任,冷作工高级技师,沈阳市技能名师。自1998年参加工作以来,蔡君杰一直奋斗在生产一线。工件或材料形变是结构件制造过程中经常遇到的问题,特别是对于大型平台类工件,如果方法不当,越修形变越大,可这"麻烦"到了蔡君杰手里却成为他钻研技术的乐趣。

蔡君杰是一个眼里有活的人,在平日的工作中,他观察到公司天车起重吊钩防脱装置维修和更换十分频繁,影响生产效率。为解决这个问题,他经过多次试验,发明了推拉式天车防脱钩装置,并得到了市安监局专家的首肯。该项发明已成功申请国家实用新型专利,并已推广应用量化生产,不但解决了生产问题,还为企业创造了经济效益。蔡君杰的创新成果遍布整个组焊车间——便捷实用的焊接臂架、安全可靠的天车走台、自行改装的电瓶车都曾为增产提效贡献过力量。

在公司的风塔项目中,塔筒成型及对接是一项关键技术,由于最大的筒体直径在8米以上,而且呈锥形结构,制造难度非常大。蔡君杰主动请缨,在辊床设备及筒体支撑托辊上下功夫,成功研究了一套集筒体合口及两筒整体对接为一体的方案,并编制了不同直径筒体辊床操作规程,提高了筒体滚圆及对口的生产效率,使得筒体成型由原来一天最多只能煨制1个,提高到1天可以煨制6个。这种新技术的应用,不但提高了效率,产品尺寸精度也得到了保证。工人们亲切地将这项成果称为"小蔡辊筒法则"。

"活是干出来的。"这句话蔡君杰总是挂在嘴边。他说:"我入厂的时候,师父就是这么手把手教我的。我师父是大国工匠,我希望我的徒弟能把更好的制造技艺传承下去,更重要的是把我们这个百年老厂的长子情怀和工匠精神传承下去。"

 新时代合格的劳动者应该具备什么样的理想信念?

一、辨析内在联系 传承精神力量

1. 劳模精神、劳动精神、工匠精神的内涵

劳模精神包含着爱岗敬业、争创一流、艰苦奋斗、勇于创新、淡泊名利、甘于奉献的内涵。党的十九大报告指出，要"弘扬劳模精神和工匠精神，营造劳动光荣的社会风尚和精益求精的敬业风气"，强调了劳模精神在新时代中国特色社会主义建设中的重要性。党的二十大报告进一步提出，要"在全社会弘扬劳动精神、奋斗精神、奉献精神、创造精神、勤俭节约精神，培育时代新风新貌"。劳动精神和劳模精神为劳动者指明了奋斗方向，增强了我国劳动人民的历史使命感和责任感，成为激励当代大学生奋勇向前的重要精神动力。

劳动精神包含着崇尚劳动、热爱劳动、辛勤劳动、诚实劳动的内涵。它是劳动者为创造美好生活而在劳动过程中秉持的劳动态度、劳动理念及展现出的劳动精神风貌，是所有劳动者的共同追求。

工匠精神包含着精益求精、一丝不苟、执着专注、追求卓越的内涵，它是一种职业精神，是职业道德、职业能力、职业品质的体现，是从业者的一种职业价值取向和行为表现。工匠精神的实质是敬业、精益、专注、创新。

2. 劳模精神、劳动精神、工匠精神的关系

党的十八大以来，习近平总书记立足于中国特色社会主义新时代的历史方位，多次就劳模精神、劳动精神、工匠精神发表重要讲话、作出重要指示。这些讲话和指示立意高远、思想深邃、内涵丰富、饱含深情，科学界定了"三种精神"的丰富内涵，系统回答了事关"三种精神"的重大理论和实践问题。新时代，我们要坚持、发展、弘扬"三种精神"，培育和践行社会主义核心价值观，提升劳动创新、创造、创优的热

情和活力。鉴于此,我们应当深刻理解"三种精神"的丰富内涵,并有效把握它们之间的辩证关系。

劳模精神、劳动精神、工匠精神三者之间是相互联系的统一体。首先,劳模精神和劳动精神是方向和基础的关系,劳模精神是方向,劳动精神是基础。其次,劳动精神和工匠精神是共性和个性的关系。工匠精神指引着劳动者成为懂技术、会创新的专业技术技能人才,不断提升自身独有的劳动素质,成为劳动者中的佼佼者。最后,劳模精神和工匠精神是外力和内力的关系。工匠精神是让劳动者成为自己的"劳模",劳模精神是让劳动者成为他人的"模范"。工匠精神点亮了自己,劳模精神则照亮了他人。

从"三种精神"的价值导向来看,劳模精神具有政治性、引领性、示范性,劳动精神具有普遍性、广泛性、基础性,工匠精神具有专业性、技术性、严谨性。对于劳动者而言,从劳动精神到工匠精神再到劳模精神的不同阶段,就意味着从一个合格的劳动者到专业的劳动者再到楷模型劳动者的变化过程。在这一过程中,也促进了崇尚劳动、热爱劳动、辛勤劳动、诚实劳动、持续性劳动、科学劳动、创造性劳动、引领性劳动、幸福劳动等劳动理论与实践的发展。

作为新时代的劳动者,当代大学生要运用马克思辩证唯物主义理解三种劳动精神的内在关系,把握新形势,不断创新,弘扬劳动精神力量,传承劳动精神品质,做新时代有理想的劳动者。

二、理想指明方向　树立远大目标

理想信念是一个人的精神支柱,加强大学生劳动教育就是要帮助大学生确定理想信念并树立远大的人生目标。形象地说,理想信念和远大目标就是劳动者精神上的"钙",一个人如果没有理想信念、理想信念不坚定、缺乏远大目标,精神上就会"缺钙",就会得"软骨病"。

1. 理想指引方向　提升劳动境界

法国著名作家雨果说："人，有了物质才能生存；人，有了理想才谈得上生活。"理想就像人生的发动机，有了它，人们才能获得前进的动力。生活可以平凡，理想却应该高远。

理想必须在劳动中才能实现。正如古希腊著名哲学家苏格拉底所言："世界上最快乐的事，莫过于为理想而奋斗。"阿基米德曾说："给我一个支点，我将撬动整个地球。"事实上，理想正是我们在劳动实践中的精神支点。一个人或一个团体能否寻求到精神支点，并善于借此汲取巨大的精神力量，往往决定其能否取得成功。

不可否认，随着经济社会的发展，劳动的方式在发生变化，但"功崇惟志，业广惟勤"始终是不变的人生哲理。回首历史，从"走在时间前面的人"王崇伦到"当代雷锋"郭明义，从"铁路小巨人"巨晓林到"金牌焊工"高凤林……一代又一代热爱劳动、勤于劳动、善于劳动的高素质劳动者，用对事业的"痴"、对岗位的"爱"、对工作的"狂"，垒筑起共和国的巍峨大厦，标注了建设者们的奋斗底色。个人向上，国家向前，他们在劳动中收获了个人成长，也为国家发展做出了贡献。当代大学生要坚持学而信、学而思、学而行，把学习成果转化为不可撼动的劳动理想信念，转化为正确的世界观、人生观、价值观，用理想之光照亮劳动的奋斗之路，用信仰之力开创美好未来。

2. 培育核心素质　树立远大目标

"一勤天下无难事。"有人曾问齐白石，画画的秘诀是什么？他笑答："要每日作画，不叫一日闲过！"他曾在一首诗中如此描写自己的艺术劳动："铁栅三间屋，笔如农器忙；砚田牛未歇，落日照东厢。"肯花气力、肯下苦功、肯去钻研，方换来"功夫深处见天然"的精湛画艺。无论是体力劳动还是脑力劳动，无论是简单劳动还是复杂劳动，道理都是相通的。一切劳动者，只要肯学肯干肯钻研，练就一身真本领，掌握一手好技术，就能立足岗位成长成才，在劳动中发现广阔的天地，在劳动中体现价值、展现风采、创造生活。

"三百六十行,行行出状元。"如今,职业版图在不断拓展,人们的职业选择日益多元,但无论从事什么工作,自己的双手、智慧和汗水,始终是美好生活最坚实、最可靠的依托。劳动者的成长事关民族命运、国家前途,劳动是张扬人生价值的明智选择。历史和现实都告诉我们,青年一代有理想、有担当,国家就有前途,民族就有希望,实现中华民族伟大复兴就有源源不断的强大力量。"一代人有一代人的长征,一代人有一代人的担当"。习近平总书记对新时代中国青年提出了六点要求:树立远大理想,热爱伟大祖国,担当时代责任,勇于砥砺奋斗,练就过硬本领,锤炼品德修为。

新时代是中国从大国走向强国的时代,也是世界正面临百年未有之大变局的时代。这种"大变局"覆盖技术、制度、知识产权等广泛的领域,会为新兴市场国家和发展中国家实现跨越式发展提供重大机遇。从技术层面看,第四次工业革命浪潮必将催生出大量新产业、新业态、新模式,双重变革因素的叠加将为我们带来前所未有的机遇和挑战。把握这个机遇乘势而上成为当代中国人的使命和责任,当代大学生必将成为这一进程的见证者、参与者和推动者。面对日趋激烈的国际竞争,一个国家的发展能否抢占先机、赢得主动,是否拥有一支知识型、技术型、创新型的劳动者队伍至关重要。

三、劳动开创未来　奋斗成就梦想

劳动是创造物质财富和精神财富的活动,是人类社会存在和发展的基础。勤劳勇敢智慧的中国人民在五千年历史长河中,创造了灿烂的中华文明,铸就了辉煌历史。

当下,我们所处的这个伟大时代,属于每一个劳动者,也不会辜负每一个奋斗者。"人生在勤,勤则不匮。"幸福不会从天降,美好生活靠劳动创造,而奋斗是劳动者的崇高品格,也是新时代的精神气质。今天的中国,已经站在新的历史起点上,尽管成就辉煌,但前方还有一座座高山需要翻越,还有一个个险滩尚待跋涉,面对人民日益增长的美好生活需要和不平衡不充分的发展之间的矛盾,我们要以永不懈怠的精神状态和一往无前的奋斗姿态,乘势而上、奋勇前进。

劳动开创未来,奋斗成就梦想。新时代是劳动者建功立业、奋斗者大有可为的时代,我们要争做新时代的奋斗者。如果说昨天的劳动创造了通往今天的路径,那么,今天的奋斗则会铺就抵达未来的阶梯。作为新时代的劳动者,我们要不懈奋斗,不驰于空想、不骛于虚声,一步一个脚印,踏踏实实地干好每一项工作,把工作做新、做优、做精,努力创造一流业绩,真正以真抓实干、干事创业的实际成效展现新时代的新担当、新作为。

课后思考

三名建筑工人到一个建筑工地去砌墙,一位学者经过工地,他问第一个正在砌墙的人:"你在干什么?""难道你看不见吗?我在砌墙。"那位工人白了他一眼没好气地回答道。显然,对方是嫌学者打扰了自己的工作。学者笑了笑,又走到另一位砌墙工人身边问道:"你在干什么?"那人诧异地看了看他,然后用手比划着说:"我在盖一座高楼。""那你在干什么?"学者问第三个人这个问题。"我在建设一座美丽的城市。"第三个人爽快地回答道。十年之后,这三名砌墙工人走上了不同的道路:第一个人依旧在工地上砌墙,第二个人成了图纸设计师,而第三个人已经成立了一家优质的建筑企业。

结合自身,谈谈远大的理想对于我们有什么意义。

劳动箴言

广大劳动群众要勤于学习，学文化、学科学、学技能、学各方面知识，不断提高综合素质，练就过硬本领。

——习近平

案例导入

徐立平：在导弹和火箭上雕刻火药的"大国工匠"

说到中国的武器装备发展，大家可能会想到新一代预警机、舰载机、战略核导弹等一批国产武器装备。它们不仅是捍卫国家安全和民族尊严的利器，更是中国工业制造实力的象征。而在这些国之重器的背后，是一群默默无闻的军工匠人，他们胆量超人，甘于寂寞，坚守在偏僻的军工厂，只为心中的报国梦。中国航天科技集团公司第四研究院 7416 厂高级技师徐立平，就是一位在导弹和火箭上雕刻火药的人。

固体燃料发动机是战略战术导弹装备的心脏，也是发射载人飞船火箭的关键部件，它的制造有上千道工序，要求最高的工序之一就是发动机固体燃料的微整形。固体燃料的主要成分就是火药，极其危险，稍有不慎蹭出火花，就会引起燃烧，甚至爆炸。而徐立平就是天天与火药打交道的人，他的工作是微整形，不过，他雕刻的不是工艺品，而是导弹发动机的固体燃料火药。中国很多战略战术导弹、固体火箭发动机的火药微整形都出自徐立平这样的技师之手。固体发动机燃料药面精度的最大误差仅有 0.5 毫米，而徐立平雕刻的精度不超过 0.2 毫米，还没有两张 A4 纸厚，堪称完美。

长年一个姿势雕刻火药，再加上火药中毒后遗症，徐立平的身体变得向一侧倾斜,双腿一粗一细,头发也掉了很多。从1987年开始从事这个行业,三十余年来,徐立平严格要求自己,兢兢业业,与最危险的火药为伴。

在徐立平看来,再危险的岗位都要有人去干。每一次看到神舟系列飞船、月球探测器嫦娥系列卫星上天,以及新式武器走过天安门广场的场景,他心中就充满自豪感。从一名普通技工学校毕业生成长为航天特技技师,徐立平用实际行动诠释了"大国工匠"的坚守。徐立平说:"我觉得这代表一种精神、一种态度,精神就是咱们对工作的细心细致,对工作认真、一丝不苟,这种精神是作为工匠的一种表现。另外就是态度,我认为作为基层的技术工人来说,对待任何事情都应该对自己有个高标准严要求的态度,我想任何人都可以成为大国工匠。"

(来源:天津大学材料科学与工程学院官网,有删改)

 你如何理解"有本领"对于做好新时代劳动者的重要意义?

一、踏实求真问学　苦练过硬本领

1. 扎实掌握专业知识

做新时代合格的劳动者,要掌握扎实的专业知识。"人才之成出于学",加强对知识的学习是成才的基石。随着互联网的快速发展,我们可以更便捷地从不同途径获得知识,但这些途径也存在信息碎片化、知识快餐化的缺陷。因此,一定要警惕不良信息"乱花渐欲迷人眼",要扎实求学,在系统学习中掌握事物的发展规律,从而更好地应用知识。正如华罗庚所说:"在寻求真理的长征中,惟有学习,不断地学习,勤奋地学习,有创造性地学习,才能越重山,跨峻岭。"

新时代是劳动者建功立业、奋斗者大有可为的时代。只有通过学习才能解决实际问题,只有求真务实,学以致用,勇于实践,以问题为导向,才能不辱时代使命,不负人民期望,乘新时代春风,放飞青春梦想。

2. 努力提升创新思维

习近平总书记多次强调创新思维，他指出："惟创新者进，惟创新者强，惟创新者胜。"生活从不眷顾因循守旧、满足现状者，从不等待不思进取、坐享其成者，而是将更多机遇留给善于创新和勇于创新的人们。建设社会主义现代化强国，创新是第一发展动力。在谈到实施创新驱动发展战略时，习近平总书记特别强调，要以创新的思维和坚定的信心探索创新驱动发展新路。

大学生思维活跃，在创新上大有可为，最容易从接受学习转变到发现学习，从对某种定论的学习，转向由自己发现问题和解决问题。提高创新思维能力，要有敢为人先的锐气，打破迷信经验、迷信本本、迷信权威的惯性思维，摒弃不合时宜的旧观念，以思想认识的新飞跃打开生活的新局面。要有逢山开路、遇水架桥的意志，有探索真知、求真务实的态度，为了创新创造而百折不挠、勇往直前，不断积累新经验，方能取得新成果。

3. 着力解决实际问题

真本领是要能解决实际问题的。能干事，就要提高解决实际问题的能力，这是应对当前复杂形势、完成艰巨任务的迫切需要，要求劳动者求真务实，学以致用，将理论与新时代的新实践相结合，以问题为导向，真正解决人民群众面临的、国家发展需要破解的大问题、真问题。提高解决问题的能力，要增强问题意识。所谓问题意识，是指人们对待问题的态度和认识问题的悟性，从哲学角度讲，是人们对存在问题的能动性、探索性和前瞻性反应。唯物辩证法告诉我们，矛盾无处不在，问题无处不在。改革是由问题倒逼而产生，又在不断解决问题的过程中深化，只有通过解决具体实际问题才能促进各项工作深入推进。发现问题、研究问题、解决问题，始终是推动一个国家、一个民族向前发展的重要动力。

身处大有可为的新时代，我们要以高度的政治责任感、历史使命感和本领不够的危机感，不断提高解决实际问题能力，在经风雨、见世面中壮筋骨、长才干，从而做到始终不为风险所惧，不为干扰所惑，在攻坚克难中不断把事业发展推向新境界。

二、培养创新精神　争做时代新人

1. 创新的重要意义

创新是人类社会进步的阶梯，纵观历史，如果没有创新，就没有四大发明；如果没有创新，就没有如今便利的生活；如果没有创新，上天入地便只是空想。只有创新，社会才能进步，国家才能发展。在激烈的国际竞争面前，只有依靠自主创新，才能摆脱技术落后的局面。要迅速提高我国的生产力水平，缩小与发达国家的差距，就必须加快科技发展，在继承前人劳动成果的基础上不断创新。"问渠那得清如许，为有源头活水来"。科技发展不能是无源之水，更不能是一潭死水，只有在继承的基础上创新，才会思路越来越"活"。

2. 大学生如何培养创新能力

（1）独立思考，塑造人格。创新是一个民族的灵魂，是一个国家兴旺发达的不竭动力。在建设创新型国家的总体战略部署下，大学生培养创新能力既是实施科教兴国和建设创新型国家的必然要求，也是提高大学生自身综合素质的重要途径。当代大学生在日常学习生活中，要善于独立思考、敢于标新立异，勇于提出新观点、新方法，乐于解决新问题和创造新事物。正如马斯洛所说："创造性首先强调的是人格，而不是成就，自我实现的创造性强调的是性格上的品质，如大胆、勇敢、自由、自主性、明晰、整合、自我认可，即一切能够造成这种普遍化的东西，或者说是强调创造性的态度、创造性的人。"

（2）积累扎实的基础知识。当代大学生在学习新知识时，要知其然，也要知其所以然。持续积累扎实的基础知识，是培养创新意识和创新能力的根本。良好的基础知识和正确的学习方法是创新成果诞生的基点，开阔的视野是大学生进行创新活动的必要条件。优秀的创新成果都是饱含技术含量的,没有坚实的知识积累和深厚的文化底蕴,便不可能孕育出伟大的发明。

（3）培养动手实践能力。我们应结合所学专业的特点,制定合理的实习实践计划,为知识理论的应用及创新能力的培养奠定良好的基础。创新能力来源于扎实的基础知识和丰富的实践经验,仅仅掌握理论知识是不够的,还要同时培养自己的动手实践能力。要充分利用第二课堂的活动和实习实践的机会,将理论应用于实践,为创新打下良好的基础。

三、厚植工匠精神 实现技能报国

1. 执着专注 锻造职业技能

当前,我国技能人才队伍正在蓬勃发展。截至 2021 年 3 月,我国拥有技能劳动者超 2 亿人,其中高技能人才超过 5 000 万人,这些劳动者为经济建设提供着强大的人才支撑。随着产业升级、技术进步、动能转换步伐的加快,时代的新发展对技能人才队伍建设提出了新要求。

新时代合格的劳动者应牢记习近平总书记"求真学问,练真本领"的嘱托,以不断学习为根基,历练本领,厚积薄发,在学有所长、术有专攻的基础上躬身实践;把提升创新能力作为开创未来的钥匙,在立足本职、开拓创新中不断锤炼,练就"可堪大用,能担重任"的过硬本领;着眼时代需求,不断积累知识、丰富阅历,学有所长、学有所专、专有所精,脚踏实地地为建设社会主义现代化强国而奋斗。

2. 追求卓越 稳抓时代机遇

全球经济正处于第四次工业革命的开端,"工业 1.0"是蒸汽机时代,"工业 2.0"是电气化时代,"工业 3.0"是信息化时代,"工业 4.0"则是利用基于信息物理融合系统的智能化来促进产业变革的时代。

在"工业 4.0"时代,生产技术人员需要具备多学科技术能力和组织能力。

归纳起来"工业 4.0"时代下要求劳动者掌握以下本领:

第一,系统化思维。整个工作流程实际上是一个系统的有机整体,每一项工作都应放在彼此联系的系统中来考虑,劳动者的角色也会由传统的操作者转变为智能设备的管理者,因此,劳动者需要掌握整个生产流程,具备系统化思维。

第二,多学科技术能力。"工业 4.0"时代所需要的人才一定是具备多学科技术能力的交叉人才。跨学科复合化素质的人才将会成为未来生产的迫切需求。

第三,信息化素养。信息化素养是一种了解、搜集、评估和利用信息的知识结构,既需要通过熟练的信息技术,也需要通过完善的调查、鉴别和推理来完成。"工业 4.0"时代下的产品是集信息存储、传感、无线通信功能为一体的,在未来,信息科技的专业能力将成为所有职业或行业能力中不可或缺的能力和本领。

3. 精益求精 实现技能报国

精益求精的精神包含着敬业乐业、专注专一的品质,是工匠在制造产品时的一种追求完美的态度和责任心。中华人民共和国成立后,随着工匠身份和劳动方式的转变,这种精神又有了新的表现形式,它不仅通过造物的方式表现出来,更通过技术革新表现出来。

劳模王启民这辈子只做了一件事,就是研究怎么开发好油田。为了使油田持续稳产高产,他力求完善油田开发方法和配套的工艺技术,为了画一张高含水期地下油水饱和度图,他采集了约 1 000 万个数据,花了 10 年时间试验。在社会主义建设的过程中,还涌现了许多大国工匠:纤细如发,探手轻柔,李峰高倍显微镜下手工精磨刀具,5 微米的公差也要"执拗"返工;心有精诚,手有精艺,顾秋亮仅凭一双手捏捻搓摸,便可精准感知细如发丝的钢板厚度;蒙眼插线,穿插自如,李刚方寸之间也能插接百条线路,成就领跑世界的"中国制造。

千锤百炼始成钢,百折不挠终成才。青年一代正处于学习的黄金时期,要练就过硬本领,实现技能报国,为成为新时代合格的劳动者不懈奋斗。

📋 课后思考

社会主义是干出来的,新时代是奋斗出来的。这次受到表彰的全国劳动模范和先进工作者,是千千万万奋斗在各行各业劳动群众中的杰出代表。他们在平凡的岗位上创造了不平凡的业绩,以实际行动诠释了中国人民具有的伟大创造精神、伟大奋斗精神、伟大团结精神、伟大梦想精神。希望大家珍惜荣誉、保持本色、谦虚谨慎、戒骄戒躁,继续发挥示范带头作用。

——习近平总书记在全国劳动模范和先进工作者表彰大会上的讲话

作为一名时代新人,应怎样提高职业本领,成为优秀的劳动者?

任务三 做新时代有担当的劳动者

劳动箴言

社会主义是干出来的,新时代也是干出来的。希望你们珍惜荣誉、努力学习,在各自岗位上继续拼搏、再创佳绩,用你们的干劲、闯劲、钻劲鼓舞更多的人,激励广大劳动群众争做新时代的奋斗者。

——习近平

"云岭工匠"马三处：把汗水和青春挥洒在地层深处

马三处，1980年11月生，云南锡业集团（控股）有限责任公司大屯锡矿井下掘进工，井下掘进高级技师。作为云锡井下掘进领军型技能人才，马三处在技能岗位上做出了突出的贡献。也因此荣获"有色金属行业技术能手""全国技术能手""云岭技能大师""云南省第一届工业发展杰出贡献奖""第一届云南省技能大奖""云南省第三届云岭工匠"等称号。

凭着对矿山的热爱和对工作的执着，自1999年参加工作以来，马三处每天早晨5点起床，从业二十余年如一日，一直奋战在地层深处，云锡1 600平台大箐东、芦塘坝、马吃水、高峰山矿段等区域都留下了他的身影。他在平凡的岗位上不断积累经验，提高技术技能，克服了井下掘进地质状况复杂、裂隙多、运输距离远、渗水大等诸多困难，安全、圆满完成了各项工作任务。

工作中，他不断学习、实践、摸索、总结，练就了矿井掘进"绝招"。眼孔布设和凿岩质量好坏将直接影响巷道成型和爆破效率，马三处不但能根据特殊的地质情况辨别岩石性质，还通过自己的经验总结设计出了一套提高矿山掘进效率的掘进方法，被广泛运用到了矿山掘进工作中，每月独头掘进由80米提高到201米，效果显著。同时，他还提出了很多改进工作的方法，如把常用钻头和大口径钻头结合用；把单一打眼塞炸药，变为多打眼少装药；把PVC管灵活用、倾斜角度炸药量科学化运用；把单一作业组合起来系统化分析和运用……每一项改进的背后都是马三处朝乾夕惕的结果。

"马三处技能大师工作室"成立后，他更是充分发扬工匠精神，精于工、匠于心、品于行，在他的悉心教导下，经他带出的徒弟一个个迅速成长，成为能独当一面的技术骨干，为生产建设增添了新的后劲力量，为云锡大屯锡矿硫化矿基地生产建设做出了积极贡献，为推动云南高质量跨越式发展发挥了示范引领作用。

马三处把汗水和青春挥洒在地层深处，在平凡的工作岗位上诠释着新时代工匠的责任与担当，在云岭大地上书写了不平凡的成绩。分析以上案例，谈谈你对责任担当的理解。

一、培养担当精神　恪守职业使命

1. 理解担当含义　培养担当精神

习近平总书记强调，担当就是责任。"知责任者，大丈夫之始也；行责任者，大丈夫之终也"。担当还与自觉、良心、价值、奉献、勇气和才干等方面紧密联系在一起，从而被时代赋予丰富的内涵。勇于担当责任是中华民族的优良传统，对自己担起责任，才能自律而强大，才能体现生命的价值；对家庭担起责任，家庭才能融洽和幸福；对社会担起责任，社会方能安定和谐。

培养担当精神，首先要涵养家国情怀。家国情怀是中华民族最优秀的文化基因。"家是最小国，国是千万家"，家是国的基础，国是家的延伸，在中国人的精神谱系里，国家与家庭、社会和个人，都是密不可分的整体。自古以来，中华优秀传统文化中就充满了关于家国情怀最朴素、最真诚、最高尚的情感表达。个人的价值体现与国家的前途命运紧密联系。"家国情怀"是一个人对自己国家和民族所表现出来的深情大爱，是对国家富强、人民幸福所展现出来的理想追求。

习近平总书记说："国家好，民族好，大家才会好。"家庭的幸福生活、个人的价值实现，同国家和民族的前途命运紧密相连。青年一代要涵养家国情怀，与祖国同呼吸共命运，投身于伟大事业中，树立远大的理想，为个人不断成长注入强大的精神动力，使人生的意义超越小我，在平凡的岗位上书写不平凡的人生华章，在广阔舞台上绽放最绚丽的青春梦想。实现中华民族伟大复兴是一项光荣而艰巨的事业，需要一代又一代中国人共同为之努力,需要每一个人在平凡岗位上恪尽职守,承担起自己的责任。

培养担当精神,其次要厚植社会责任感。个人努力要与社会利益相一致,"凡益之道,与时偕行",在一个正常运转的社会里,没有人是独立存在的孤岛,"我为人人"是"人人为我"的前提。"得其大者可以兼其小。"2013年5月,习近平总书记在给北京大学考古文博学院2009级本科团支部全体同学的回信中,用这句古文勉励青年,要在为人民利益干事创业的实践中实现自我价值。一滴水只有放进大海里才永远不会干涸,一个人只有当他把自己和集体事业融合在一起的时候才最有力量。一个人的理想、信念、追求只有同社会的需要和人民的利益相一致才具有深远的意义。

2. 坚持岗位职责　恪守职业使命

岗位职责指一个岗位所需要去完成的工作内容以及应当承担的责任范围,立足本职、敢于担当,体现的是一种高度自信、自省、自警、自律的精神,体现着一种直面困难、锐意进取、追求卓越、精益求精的作风。强化责任、坚守职责,关键是树立主动负责的思想。

恪守职业使命要求人们在职业实践中始终有克服困难的毅力、坚持的精神和持之以恒的自觉性,要求劳动者始终如一地忠于职守。从事任何职业都不是轻而易举的事,免不了遇到困难和挫折。在困难和挫折面前,只有意志坚强的人,才能经得住考验和锻炼,从而保证职业活动的正常进行,最终完成自己的职业使命。

二、找准职业锚点　适应时代需求

1. 找准职业锚点　发挥自我价值

职业锚点也称职业锚,是自我意向的一个习得部分。大学生进入

微课:找准职业锚点 劳动助力择业

早期工作情景后,职业锚点由习得的实际工作经验决定,与在经验中自省的动机、需要、价值观、才干相符合,是帮助大学生达到自我满足的一种稳定的职业定位。

大学生确定自己的职业锚点可以以实习的工作经验为基础,从而选定自己想要长期、稳定发展的领域。因此,大学生在校期间应充分利用校企合作平台增加自己的实习经验,在实践过程中积累才干,挖掘自身的动机和需要、才干和能力、态度和价值观。通过这些要素的相互作用和逐步整合,寻找自己长期稳定的职业定位,从而最大限度地发挥自我的社会价值。

2. 主动担当作为　适应时代需求

主动担当作为是勇敢面对艰难困境的坚强意志。前途是光明的,道路是曲折的,我们生活的世界充满希望,也充满挑战,任何人的成长道路都不可能是一帆风顺的。主动担当作为也是不断刷新人生新高度、自觉追求人生价值的积极态度,也是勇于突破自我、实现远大目标的担当,更是能干事、干成事、成好事的内生动力。中国共产党不断自我革命,砥砺进取精神,为人民谋福利而不懈奋斗,团结和带领全国各族人民创造一个又一个奇迹,这正是积极主动作为的最好诠释。

自觉适应时代需求是主动担当作为的必然要求。我国现阶段的主要矛盾是人民日益增长的美好生活需要和不平衡不充分的发展之间的矛盾。同时,互联网、大数据、人工智能、区块链等新技术和共享经济等新业态为满足人民的美好生活需要提供了更多的手段和便利,同时,也导致了人民生活需求变得更加多元化。作为新时代的劳动者,我们要主动适应科技进步和社会发展要求,以"技＋劳＋能"为重点,工学结合,勇于创新,主动担当作为。

三、筑强法律意识　维护自身权益

微课:学法用法 依法维权

做新时代合格的劳动者,必须要有法律意识。我们要切实增强法律意识,坚持底线思维,始终保持清醒头脑。在使用法律武器维护自身权益的同时,不断提高风险防范意识。

如就业时,我们要与用人单位签订劳动合同并仔细阅读劳动合同的每一项条款,不要盲目在劳动合同上签字,有疑惑的地方应及时提出,和用人单位协商解决,以便在权益受到侵害时有据可循。日常生活中,我们要多关注毕业生相关的新闻,关注毕业生劳动保护的实际案例,增加劳动保护方面的法律知识,提升自己的法律意识。

当自己合法权益受到侵害时,我们不可为谋求眼前的利益而得过且过,要及时通过法律途径维护自己的合法权益(图4-1),例如:协商调节、劳动仲裁、向相关部门提起诉讼等。

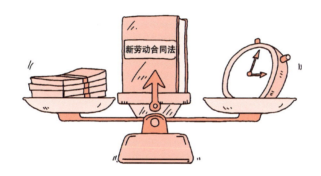

图 4-1
劳动者权利受
法律保护

📋 课后思考

2014年5月4日,习近平总书记在北京大学师生座谈会上讲道:要勤于学习、敏于求知,注重把所学知识内化于心,形成自己的见解,既要专攻博览,又要关心国家、关心人民、关心世界,学会担当社会责任……我相信,当代中国青年一定能够担当起党和人民赋予的历史重任,在激扬青春、开拓人生、奉献社会的进程中书写无愧于时代的壮丽篇章!

📝 结合自身专业,想一想,在实现中华民族伟大复兴的中国梦的过程中,你能够担当起何种责任?

《不可不知的劳动法：300个劳动维权法律常识速查全集》（作者：刘靓）

本书通过具体案例来解析《中华人民共和国劳动法》《中华人民共和国劳动合同法》《中华人民共和国工伤保险条例》等法律法规，既便于一般初学者学习劳动法律法规知识，也可以帮助有需要的劳动者及时、有效地维权，更可以让劳动领域的法律工作者拓宽办案视野。

［1］习近平.在知识分子、劳动模范、青年代表座谈会上的讲话［N］.
人民日报，2016-4-30（002）.

［2］习近平.在全国劳动模范和先进工作者表彰大会上的讲话［N］.
人民日报，2020-11-25（002）.

［3］彭维锋.劳模精神劳动精神工匠精神的内涵及关系［N］.中国社
会科学报，2021-5-13（001）.

［4］刘文，张以哲.劳模精神培育与价值引领——"劳模精神、劳动精
神、工匠精神：价值引领与思想政治教育学术研讨会"综述［J］.
学术扫描　思想理论教育，2017（05）：110-111.

［5］郝东恒.对劳动价值论研究的新拓展——《马克思劳动价值论及
其当代阐释》评介［J］.经济论坛，2013（04）：176.

［6］高洋洋，刘建涛.马克思的劳动价值论探析［J］.辽宁工业大学学
报（社会科学版），2021，23（04）：8-10.

［7］张俊山.劳动价值论的科学内涵及现实意义［J］.马克思主义理论
教学与研究，2021（02）：64-81.

［8］刘向兵.用劳模精神、劳动精神、工匠精神凝聚新征程奋斗力量
［J］.红旗文稿，2021（01）.37-39.

［9］王惠颖.新时代劳动教育的价值基点及实践路径［J］.当代教育科
学，2020（11）：3-9.

［10］李洁.用劳动精神培育新时代青年［J］.人民论坛，2019（26）：
122-123.

[11]陈好敏,熊建生.新时代劳动精神的价值意蕴[J].学校党建与思想教育,2020(08):44-48.

[12]张燕平,朱志明.新时代大学生劳动精神培育的价值内涵及实施路径探究[J].教育评论,2019(03):93-96.

[13]黄燕.新时代劳动精神的生成逻辑、核心内涵与弘扬路径[J].思想理论教育,2019(01):97-100.

[14]申文昊.高校青年学生群体劳动精神教育的时代价值与现实路径[J].马克思主义理论学科研究,2019,5(05):133-141.

读者意见反馈

为收集对教材的意见建议,进一步完善教材编写并做好服务工作,读者可将对本教材的意见建议通过如下渠道反馈至我社。

咨询电话　400-810-0598

反馈邮箱　gjdzfwb@pub.hep.cn

通信地址　北京市朝阳区惠新东街4号富盛大厦1座

　　　　　高等教育出版社总编辑办公室

邮政编码　100029